ERZGEBIRGSANNALEN
DES 17. JAHRHUNDERTS

Von
Unwettern /
Tieren in Wald
und Haus / Kuriositäten /
Pestilenzen und Spukereien

Erzgebirgsannalen

des 17. Jahrhunderts

Aufgezeichnet von
Christian Lehmann

Union Verlag
Berlin
1986

Herausgegeben
und mit einem Nachwort versehen
von Helmut Obst

Mit Grafiken
von Ullrich Schreiber

ISBN 3-372-00038-2
ISBN 3-372-00059-5 (Leder)

Das Wetter
im Erzgebirge

Es ist freilich der Himmel zur Winterszeit im Gebirge meist finster und dunkel, die Luft rauh und kalt, der Frost oft grimmig und streng anhaltend, daß Wasser und Bäche abgefrieren, Brunnen versiegen, Mühlen und Hämmer stille stehen, daß alle Kreaturen trauern und vor Frost erzittern, Roß und Mann im Felde erfrieren, manche Ohren, Nasen, Hände und Füße durch grimmigen Frost und schneidende Luft verlieren. Ja, man hat wohl ehe erfahren, daß armer Leute Kinder in den Betten, das Vieh im Stalle, Hühner, Gänse, Tauben im Hof und unterm Dach, das Bier auf den Büthen und im Vorkeller, die Tinte auf dem Tisch, das Wasser in der Stube und in Ofentöpfen gefroren.

Man hat viele Beispiele, daß es ganze Wochen und auch Monate nacheinander gestürmet und geschneiet, 30 bis 40 Tage angehalten, alle Straßen und Wege unbrauchbar gemacht, Gründe und Racheln vollgewehet, daß der Schnee sechs Ellen hoch gelegen und vor dem Windwehen weder Roß noch Mann durchkommen können. Es ist nichts Ungemeines, wenn sich der Schnee ein wenig setzet, daß man über Gärten und Feldzäune,

Stauden und Ackermauern, Kirchhöfe und Gottesäcker fahren, reiten und gehen kann. Hänget sich der näßliche Schnee hart an, so zerbricht und drückt er Äste und Gipfel, drückt Ställe und Häuser ein, erschlägt bisweilen Menschen und Vieh. Auch kann man auf glattem Eis leicht Arm und Bein brechen, Brust, Rücken und Haupt jämmerlich zerschellen, wie die klägliche Erfahrung bezeuget.

Oft legts in einer Nacht einen so tiefen Schnee, daß die Nachbarn einander herausscharren müssen und man weder reisen noch fahren kann. Ich weiß Exempel, daß man des kontinuierlichen Sturms und tiefen Schnees halben weder zur Kirche noch zum Grabe kommen können, Handels- und Getreidewagen haben müssen im freien Felde bleiben, bis ihnen mit Überladung und Durchscharren Hilfe getan worden; nicht weniger, daß Menschen und Vieh an Brot und Futter Mangel gelitten, wenn alle Hütten und Mühlen wegen abgefrorener Wasserleitungen müßig stehen müssen.

Diese ungewöhnliche Kälte und große Schneelast gibt nun unfreundliche, kalte und kurze Sommer, daß man nicht zeitlich ins Feld, auch das Getreide nicht reifen kann, dagegen erfolgen harte und lange Winter, daß manchmal das arme Vieh verschmachtet, verdorret und kaum das Gerippe aus dem Winter gebracht, ja gar Hungers gestorben, ist wohl so matt, daß mans mit Mühe aufheben muß. Im Frühling und Herbst fallen gemeiniglich harte Fröste und Nebel ein, daß die Garten- und Baumblüten erfrieren, das Getreide unzeitig, ja alles mit Grummet und Kraut im Felde bleibet und von wilden Tieren vollends verzehret und verderbet wird. Denn der Winter sich zum öfteren im September und Oktober anfängt, sieben bis acht Monate währet und sich bis in den Mai und Juni mit strengen Nachtfrösten und Stürmen letzet. Daher dann die Sommer drei bis vier Monate lang erfolgen.

Kalte und schneereiche Winter

Anno 1621 war ein solcher Winter, der alle großen Wasser zugemacht und alle Winter übertroffen binnen 107 Jahren.

Drei Jahre danach, anno 1624, ließ er nach sich seinesgleichen, der stand bei großem Schnee, Stöbern und kontinuierlicher Kälte sechs Monate lang, daß der Tiefe und Windwehen halben kein Mensch weder aus noch ein konnte. Des Wildes fiel 1500 Stück um. Die Hirsche waren so matt, daß sie sich bei den Geweihen angreifen und fortführen ließen; wenn man ihnen ein wenig Moos von Bäumen reichte, fraßen sies aus der Hand und folgten dem Menschen nach, der ihnen mehr geben sollte. Hirsche, Wild und Hasen liefen des Nachts in Scheibenberg, Elterlein, Geyer und anderen Orten, suchten um die Brauhäuser, Ställe und Miststätten Stroh, altes Heu, Krautstrünke und gebrauchten Hopfen und ließen sich nicht irren, obgleich die Leute ein und aus gingen. Um Pfingsten mußten die Leute im Gebirge den Schnee umhocken und hacken und konnten kaum drei Wochen danach zusäen.

Anno 1643 im harten und langen Winter platzten die Nägel. Am Osterfest konnte man im tiefen Schnee mit dem Schlitten zur Kirche fahren, und es gefror durch den ganzen Mai.

Anno 1646 war im Januar ein unmenschlicher frostiger Wind im Gebirge, worauf es vom 7. Januar bis den 11. aneinander schneiete mit solchen Wehen und Ungestüm, daß es die Kirche zu Scheibenberg an allen Türen verwehte, daß man am Kirchhof über die Mauern gehen konnte, am Sonnabend mußte die Vesper und das Beichtsitzen unterbleiben. Wollte man am Sonntag darauf in die Kirche gehen, so mußten acht Männer einen Stollen durch den Schnee zum Kirchturm treiben und Platz machen, damit der Gottesdienst konnte gehalten werden.

In Gottesgab (Boži Dar) war der Gottesacker ganz eben und gleich verwehet, daß man nichts von ihm erkennen konnte. Die Leichen mußten über acht Tage liegen oder mit großer Mühe und Arbeit, mit Wegschaffen des Schnees, unter die Erde gebracht werden. Den 2. März konnten die Oberscheibner dieses Schnees halben ihre Kinder nicht in die Kirche nach Scheibenberg zur heiligen Taufe bringen, sondern mußten im Hause taufen und den Pfarrer und die Gevattern dazu reiten lassen.

Anno 1658 war durch den Winter tiefer Schnee und mächtige Kälte, daß die größten Wasser und Ströme zugefroren, daß man über den Belt und Sudersee fahren, reiten und gehen können. Die Gebirgler fuhren in die 18 Wochen lang mit Schlitten nach Prag, Nürnberg, Leipzig und Bautzen in der besten Bahn. Es kamen wilde Schwäne und Enten auf unsere Quellen und suchten ihre Nahrung, davon drei Stück geschossen worden.

Von anno 1670 sind neun harte Winter nacheinander gewesen, darinnen die Leute alle erfrieren mögen:

Anno 70 sind im Gebirge viel gar erfroren, teils vom Frost an Gliedern also beschädigt worden, daß 30 Personen zu Geyersdorf hinter Annaberg beim Arzt daselbst in der Kur gelegen. Das Wild starb häufig, ob ihm gleich Tannen gefället, Heu, Hafer und anderes Futter in den Wald und an die Bäche geschafft wurde. Es wurden auch zwei Bären tot und erfroren gefunden bei Schwarzenberg.

Anno 71 winterte sichs zeitlich ein und lag der Schnee bis in den März. Es war ein stetes Stöbern und solch Ungestüm, daß niemand sich hinauswagen durfte.

Der Winter anno 72 war sein Bruder.

Der anno 73 war nicht besser. Zu Platten (Horní Blatná) schneiete es im September und Oktober, Schnee und Kälte hielten an, und es gab weiße Ostern. Im Juni wurden die Kirschen zuallererst reif in Böhmen.

Der Winter auf 74 erfror das Wintergetreide.

Der auf 75 war ebenso schlimm und brachte mit sich ein Erdbeben.

Der Winter auf 76 hielt lange nach. Das Vieh stand 28 Wochen innen und war große Not ums Futter.

Der auf anno 77 war noch ärger. Der Schnee lag bis in den April. Die Hirsche und das Wildbret liefen des Nachts in Flecken und Dörfer, suchten Futter und fraßen das Stroh von Ständern, die Stöpsel von Löchern, beschälten die Bäume und tranken dazu an offenen Wassertrögen. Im Mai erfroren Blüten und Pflanzen.

Der auf 78 war fast seinesgleichen.

Auf anno 79 übertraf der Winter die vorigen alle. Er fing vor Martini an, und blieb der erste Schnee liegen mit grausamer Kälte, davon über 50 Menschen in Meißen und Böhmen an und unter dem Gebirge, daneben über 8000 Stück Wild und schöne Hirsche erfroren sind von Pirna herauf bis ins Vogtland. Wer von der Bahn kommen ist, Rosse und Mann, mußte verderben. Elbe, Donau, alle Wasser waren zugefroren. Im Bayernlande ist der Schnee noch tiefer gelegen, dagegen in Dänemark und Schweden keiner oder kleiner.

Anno 1689 fiel eine ungeheure Kälte nach Ostern ein, also daß alles Laub an Bäumen harschet und schwelcket, als wenns gekocht wäre.

Anno 1694 kam ein früher Schneesturm acht Tage vor Michaelis, und lag der Schnee um den Fichtelberg eine Hand hoch, dadurch alles, was in Gärten von Krätz und Blumenwerk war samt dem Kraut, Hafer, Gerste und anderem Getreide im Feld niedergeschlagen, meist verderbt und dann vom Wild und Schurmäusen gefressen wurde.

Unglücksfälle im Winter

Im Jahre 1591, den 25. April, sollte im Dorf Bokkau bei Aue Balthasar Lorenz begraben werden, dazu der Pfarrer von Aue, Herr Daniel Fügmann, kommen mußte. Als er nun im großen Schnee allein hinausgehet, gehet er fremden Fußstapfen nach und fällt darüber in eine Wolfsgrube und muß acht Stunden lang übel verwundet im Wasser bis an die Gürtel in Frost und Schmerzen ohne Rat und Hilfe stehen, bis die Trauerleute aufs neue nach ihm geschickt, und weil seine Leute gewußt, daß er längst weggegangen, haben sie endlich auf die Wolfsgrube gesonnen und ihn halbtot herausgezogen. Er war am Haupt also übel verwundet, daß ihm der Barbier acht Hefte tun müssen, und er hat den Schaden lebenslang nicht verwinden können.

Anno 1665, den 24. Dezember, am Heiligen Abend vor dem Christtage, schickte eine Braut von Elterlein ihrem Bräutigam durch eine Jungfer den heiligen Christ, die ihn zurecht hatte übergeben. Auf dem Rückwege will sie nicht wieder die vorige Straße über die steinerne Brücke nach Hermannsdorf, die sie aus Mangel anderer Bahn gehen müssen, gehen, aus Furcht vor dem armen Sünder, der am Wege auf dem Rad lag, sondern watet die quer. Die Nacht und das böse Wetter führet sie wieder zurück gegen Schlettau und fällt nicht weit davon in eine tiefe Windwehe, bleibt stecken und erfriert. Sie kann über allem Fleiß in 16 Wochen nicht gefunden werden bis zum Ostertag 1666, den 15. April, da man an Schloßhunden, die sie an einem Schenkel angezapft hatten, Nachricht erhalten, sodann ist sie bald gehoben und nach Elterlein begraben worden.

Anno 1693 war ein ungemein schrecklicher Winter und so tiefer Schnee, daß auch in Wiesenthal etliche Häuser eingedrücket, andere gar bedecket. Es war dabei so strenge Kälte, daß viele Leute um Annaberg, Schneeberg, Wiesenthal Nasen, Ohren, Kinn, Hände und Füße erfroren. In Wiesenthal lag der Schnee zwei Manns hoch allent-

halben auf den Gassen, und mußten manche
sechs, acht, neun Stufen hinein zur Haustür machen und die Nachbarn früh einander zu Hilfe
kommen, ausscharren und Luft zur Haustür und
Fenstern machen. Man konnte nicht in den Wald,
weil kein Pferd konnte gründen und die Holz-
stöße lachtertief mit Schnee oben bedeckt waren.
Daher wurde das Brennholz von Tagelöhnern mit
Handschlitten hereingeschleppt und an anderen
Orten bei Ermangelung des Holzes die Garten-
und Obstbäume niedergehauen.

Es geschieht auch zu unterschiedlichen Malen, daß
der von Dächern abschießende Schnee die Vorbeigehenden niederschlägt und tötet. Anno 1694, den
7. März, ging in Annaberg ein 85jähriger Zwek-
kenschmied nach dem lieben Brot herum. Da er
vor dem Genselischen Gasthof vorbeigehet, schlägt
ihn der abschießende Schnee zu Boden, daß ihm
das Blut zum Mund herausschoß und er am
Haupt, Genick und Rücken tödlich beschädiget
wurde, daher er auch kein Wort mehr geredet,
für tot aufgehoben worden und nach zehn Tagen
gestorben.

Anno 1697 zu Eingang des Januar fuhr die Vice-
Richterin zu Cunersdorf auf einem Schlitten nach
Steinbach, lud zwölf Schock Späne auf. Da sie
auf dem Rückweg am späten Abend oben über
Rückerswalde den nächsten Weg nach Cunersdorf
fähret, nimmt der Wind dem Knecht seinen Hut

und führet ihn auf dem Schnee dahin. Der Knecht eilet nach, ungeachtet die Frau rufet und schreiet, er soll dableiben. Der Wind verstrich die Bahn, die Pferde eileten nach Hause, daher konnte sich der Knecht nicht zurechtfinden und erfror um den Lerchen-Hübel. Die Frau mußte wegen des schrecklichen Sturms im freien Felde samt den Pferden übernachten und wurde bei anbrechendem Tage halbtot nach Rückerswalde gebracht.

Von Gewittern, Blitzschlägen und Bränden

Nun ist auch mit Bestürzung des Gemüts anzuzeigen, wie grausam und erschrecklich der Himmel dies Gebirge im Sommer bestürme, mit Donner, Blitz, Hagelsturm, Feuer und Zündschlägen erschrecke. Derselben Gift und Wirkung läßt sich nicht arg satt beschreiben, viel weniger alle erzählen:

Anno 1441
Der Hagel als Gänseier groß
Vom Himmel überpfündig schoß,
Zerschlug alles, was er traf,
Frucht, Bäume, Menschen, Vieh und Schaf.

Anno 1562, den 3. Juli
In Schlettau trieb ein armer Knab
Zehn Stücklein Vieh das Feld herab,
Der Donner aber in der Not
Schlugs Vieh samt dem Hirten tot.

Anno 1572, den 20. August
Über der Stadt Marienberg
In Mitternacht, das Wunder merk,
Ein Wetter stand zwei ganzer Stund
Und schlug zu Tod drei Bürgershund.
Der Himmel hing voll eitel Feuer
Und schlug so stark und ungeheuer,
Daß auf den Knien jedermann
Um Gnade ruft den Herrn an,
Und meineten der Feuerschlag
Verkündigte den Jüngsten Tag.
Aber Gott Lob, es zündete nicht,
Hat auch kein Menschen hingericht.

Anno 1582, den 29. Juni
Drei Jungfern gingen in die Beer
Von Weinberg durch den Anger her,
Nach Stahlberg übern Bach und Rain,
Da trifft sie Blitz und Hagelstein,
Sie traten unter zwar mit Not,
Der Donner schlug sie alle tot.

Anno 1607, den 16. Juli
Vier Stunden schlug es in der Nacht
Über Annaberg mit solcher Macht,
Daß zitterte die ganze Stadt,
Weils auch die Kirch gezündet hat.
Zu Grumbach schlugs fünf Kühe tot,
Verbrannt zwei Höf und bracht in Not
Die Flur um Böhmisch Crolewitz
Durch lauter Hagel in dem Blitz,

Daß Schloßen halbe Teller groß
Zerschlagen alles leer und bloß.

Anno 1619, den 29. April
In Cranzahl lief ein Weib vom Feld
Vorm Wetter, da sie Mahlzeit hält,
So schlug der Blitz in die Stube hinein,
Und sie muß auch des Todes sein.

Anno 1643, den 18. Juni
Bei einem Wetter im Gebirg
Schlugs in die Crottendorfer Kirch,
Zerschmettert Turm, Stühl und Altar
Ohn Zündung, daß es Wunder war.

Anno 1646, den 23. Juni
An St. Johannis heilgem Tag
Ein Wetter im Gebirge lag.
Das blitzt und schlug drei Stunden lang,
Macht auch den wilden Tieren bang,
Daß ein Bär sich ins Carolsbad
Vor Furcht hinein salvieret hat.

Anno 1609, den 15. Juli, erhob sich ein großes
Wetter über Scheibenberg. Michael Mey räu-
mete mit seinem Weib auf dem Boden die Betten zusammen, indessen schlägt das Wetter in
die untere Wohnstube, den Hund unter dem
Tisch tot und schadet doch den unfern davon
über den Eiern sitzenden Hennen gar nichts.

Zu Hermannsdorf lag anno 1660 während eines schweren Gewitters ein Söhnlein auf der Bank und schlief fest und sanft. Der Blitz schlug über das Kind zum Fenster hinein und den Hund unter dem Tisch tot, dem Knäblein geschah nichts.

Anno 1666, den 2. Juni, hat das Wetter zu Arnsfeld Hans Bauer ins Haus geschlagen, ihn und die Tochter betäubt, daß sie zur Erden gefallen. Die Tochter war auf einer Seite kirschbraun verbrannt, daß die Haut abging, den Ochsen im Stall schlugs tot, das Weib, das ihm Futter reichte, blieb leben. Zwei schlafenden Kindern von zwei und fünf Jahren ist gar nichts widerfahren, sonst ist alles verbrannt.

Anno 1679, den 7. August, wurde das Rathaus und die Fronfeste in St. Annaberg vom Blitz getroffen. Ein Strohwisch, welcher daselbst aufgehoben wurde (da er auch vor Zeiten durch einen Donnerstreich nicht war entzündet worden), wurde abermals berühret, daß er glimmet. Ein dabeihängender Degen, mit dem vormals ein Mord begangen worden, war am Ortband gesenget und so rot gemacht, als wäre er aus dem Schmiedefeuer kommen. Unweit davon stand eine Quantität Pulver, die aber unberühret blieb.

Anno 1686 schlug in Geyer ein zorniges Gewitter am 11. August früh nach 2 Uhr ein. Joh. Georg Blumenhöfer, ein 77jähriger Mann und Ratsfreund, saß im Stuhl beim Ofen in der Unterstube, da schlägt das Wetter die Feueresse samt dem Ofen ein, beschädigt ihm den linken Schenkel, senget ihm eine große Handvoll Haar vom Haupt, versenget auch den Leib hinten und vorn und schlug eine Spitze Haut von der Nase, aber dem Hund tat es nichts. Über, um und unter ihm war alles zerrissen und zerschlagen. Darüber ist er zwar kraft- und sprachlos worden, aber nachmittags wieder zu sich kommen und hat ausgehen können. Sein Weib lag daselbst in den Wochen, und ihr ist nichts widerfahren. An der zerrissenen Wand beim Ofen hing ein Bund Schwefel und ein Bierheber, von dem hatte es das Zinn abgeschmolzen, jenen aber weder getroffen noch gezündet.

Schwere Stürme

Es sind die wütenden und reißenden Sturmwinde, welche in diesem hohen Gebirge im Winter die Kälte herwehen, Hütten-, Mühl- und Röhrwasser austrocknen und abfrieren, auch Türme und Häuser, zahme und wilde Bäume, ja ganze Wälder stürzen, niederreißen und auf Menschen und Vieh werfen. Binnen 570 Jahren sind 150 Windstürme angemerkt worden. Nicht gemeine und geringe Landwinde, die nur Häuser aufdecken, Getreide und Obst abschlagen und die Bäche austrocknen, sondern die vornehmsten, grausamsten und erschrecklichsten Sturmwinde, welche unbeschreiblichen Schaden getan an Wäldern und Gebäuden und darinnen Menschen und Vieh erschlagen.

Am Laurentius-Abend anno 1556 um 8 Uhr kam ein grausames Wetter mit einem Sturmwind, Donner und Blitzen über Elterlein, daß die Luft schrecklich brausete, und es warf Feuer wie Kugeln, die auf dem Markt herumliefen, als wollte es alles anzünden. Andreas Unger, derzeit Pfarrer, ließ die Leute zum Gebet vermahnen und das kleine Kirchenglöcklein im spitzigen Turm läuten. Da riß der Sturmwind den halben kupfernen Knopf von der Kirchspitze und warf ihn auf den Hüttenhof, deckte die Kirche, Pfarre, Schule und andere Häuser auf. Alle Gassen lagen voller Schindeln und Bretter von Giebeln, und haben die Leute nicht anders gemeinet, als klingen Pauken und Posaunen untereinander.

Anno 1612 im Dezember erhob sich ein unerhörter Wind im Meißnerland, wie er seit Menschengedenken nicht erlebt wurde. Zu Marienberg wurden viele neue Häuser, die kaum ein Jahr gestanden, eingeworfen und ein Mägdlein erschlagen. Zu Elterlein hats zwei Häuser und die Vorwerke auf und vor dem Brunels [Brünlasgüter] halb eingerissen und etliche 40 Fuder Heu in die Luft geführet. Und als am Mittag eine Leiche sollte zum Grabe getragen werden, nahm der Wind einen Schulknaben aus dem Haufen in die Luft und warf ihn über einen Holzstoß unter die Trauerweiber ohne Schaden. Sie konnten mit Angst und Not die Leiche unter die Erde bringen und standen in Furcht, der Wind würde sie alle vom Kirchhofe und unterwegs wegführen, zumal der Sturm die lange Kirchspitze von der Kirche glatt abgebrochen und herabgestürzt hat.

In Scheibenberg stürzten zwei Häuser ein, und zwei Scheunen wurden so ruiniert und mit den Schindeln, Latten und Brettern in der Luft so wunderlich gespielet, daß die Leute es für gar nichts Gutes hielten.

In Annaberg ist fast kein Haus unbeschädigt geblieben. Der Wind hat die Kirchenfenster jämmerlich zerrissen und die Leute von der Gasse an die Häuser geschmissen.

Zwischen Neudorf und Crottendorf hats einen ganzen Busch umgewehet und bei Scheibenberg den halben Wald der Schlettauer an der Viehtrift, als wenn eine Schlacht geschehen wäre unter den Bäumen. Im Ratswald der Stadt Annaberg sind über 12 000 Schrägen Holz niedergebrochen, daß sie etliche Jahre darüber aufzuhauen gehabt. In den hohen Wäldern haben die schönsten alten drei- und vierklafterigen Bäume und Tannen kreuzweise übereinander gelegen, haben Wege und Stege verbrochen, daß man vier Wochen lang die Landstraßen über das Gebirge hat räumen müssen.

Anno 1660, den zweiten Advent, erhob sich ein unerhörter Wind. In Annaberg und Marienberg

hat er etliche 100 Taler an Ziegeln und Kirchen-
fenstern Schaden getan. In Rückerswalde, Cunersdorf, Bärenstein, Crandorf, Grünstädtel, Breitenbrunn, Pöhler mit Rittersgrün hat er die Häuser
zerrissen, aus den Kämmen geschoben und gar eingeworfen und viele 1000 Bäume auf ihren Höl-
zern umgewehet. Bei Preßnitz [Přisečnice] auf
dem Reuschberg hat der Sturm einen mit acht Stri-
chen beladenen Kornkarren mitsamt dem Pferd
umgestoßen. Als die Leute in Scheibenberg aus
der Kirche gehen wollten, schmiß der Wind sie
wider ihren Willen an die Mauern, riß ihnen
Hüte, Mützen, Schleier, Schauben vom Halse und
führte sie weg, jagte die Leute im Sprung und lau-
fend auf die Türen zu, warf sie um auf der Straße
und auf ebenem Wege, daß sie zum Teil auf allen vieren haben kriechen müssen.

Anno 1680, den 7. Juni, entstand gegen Mittag
ein abenteuerlicher Sturmwind, der auf den Hö-
hen die Wälder gewaltsam hat niedergebrochen,
Kohl- und andere Waldhäuser umgestürzt, gegen
Eibenstock schrecklich gehagelt, 18 Schöpse getö-
tet und einem Weibe ein Stück von der Nase geschlagen, daß sie gestorben.

Wie viel Nebel, Frost und Reif fallen vor Michaelis, so viel auch im Frühling nach Walpurgis.

Wenn die wilden Schweine Gärten und Wiesen umackern, so vermutet man einen langen und kalten Winter.

Wenn die Heideblüte unten wenig, oben aber zum Gipfel ausstehet, soll der Winter langsam kommen, aber lange hinauswintern. Fängt aber die Blüte bald unten an und oben ist keine, so bedeutets das Gegenteil.

Ist die Heideblüte voller Lücken, gibts wechselhaftes Winterwetter.

Werden die Vogelbeeren im Herbst an den Bäumen schwarz, vermutet man einen letschigen [leichten] Winter.

Wollen die Vögel im Herbst nicht bald auf den Vogelherden einfallen und ziehen langsam weg, hoffet man noch einen Nachsommer. Welches man auch vermeinet, so ferne die Hirsche nicht von der Brunst abtreten und die Blätter langsam von den Bäumen fallen. Hingegen, wenn im Gebirge schon scharf nach Krautsalat riecht oder die Sommervögel sich beizeiten zschaupenweise versammeln und auf den Abzug schicken oder die starken Nebel sich fest aufs hohe Gebirge setzen, hat man schon das Angeld vom Winter, die Nachzahlung bleibt nicht aus.

Wie der Christmonat mit dem Wetter bricht, so brechen gemeiniglich auch alle Monate.

Grüne Weihnachten bringen weiße Ostern.

Ist der Winter groß und hart und folget ein heißer, dürrer Sommer darauf, so ereignen sich hitzige Fieber und Seuchen.

Wenn der Fuchs einheizet, das ist, großer Dampf aus den hohen Wäldern in die Höhe ziehet, ist kein freundlich Wetter zu hoffen.

Bleibt der Nebel auf dem Fichtelberg beständig liegen, will sich das Wetter nicht bessern.

Wenn die Wälder jählings anfangen zu rauschen oder die Hohlkrähe kläglich schreiet oder die Raben und Krähen mit großem Geschrei gar niedrig hinschießen und auf die Wälder zueilen, bricht ungestümes Wetter ein.

Wenn der heiße Brodel in Carlsbad [Karlovy Vary] sehr dämpfet und rauchet, ist ein Regen oder ungestümes Wetter vorhanden, wills aber schön und helle werden, so ist der Dampf auch geringer und weniger.

Wird die Kirchenfahne vom Nordwind mittagwärts gewendet, ist einschlächtiges kaltes Wetter vor der Tür.

Frühling warm, Sommer dürre und heiß, bringt Wasser- und Brotmangel.

Folgt auf starke Frühlingsfröste ein kalter Herbst, ist keine gute Ernte zu hoffen.

So oft der Hahn in der Christnacht krähet, so teuer wird das Viertel Korn auf dem Gebirge.

Wenn sich beim Umackern viel Kornmaden im Felde finden, wirds teuer.

Gibts viel Schwarz- und Preißelbeeren, so vermutet man wenig Obst.

Wenn die Fichten und die Haselstauden viele Zäpflein tragen, hofft man auf ein gutes Kornjahr.

Wenn es am St. Johannistag regnet, ersäuft es die Haselnüsse.

Von wilden Bären

Ein auf Friedrich Siegels Eisengruben arbeitender
Steiger hat mir berichtet, daß zwei junge Bären
in einen seichten Schacht gefallen. Die alte Bärin
habe darüber grausam gewütet und einen Schurf
aufgerissen, so viel Erde und große Zentnersteine
herausgerissen und in den Schacht gefüllet, daß
die Jungen heraussteigen können. Wegen solcher
Grimmigkeit ists überaus gefährlich, einer so wilden und zottigen Kindesbetterin vors Wochenbett
zu kommen.

Vor langen Jahren ist es geschehen, daß ein Knabe
von sieben Jahren (der nunmehro ein Mann ist
von 89 Jahren) zur Heinzebank vor dem großen
Lengefelder Wald die Schafe gehütet. Ein Bär
fället ein und nimmt ein Lamm. Der Knabe
schreiet und reißt ihm das Lamm aus dem Rachen.
Der Bär wirft den Knaben nieder, fasset das Lamm
wieder an. Der Knabe aufspringt und läuft wieder getrost nach dem Bären, ergreift das Lamm
und zerret daran mit Schreien und Weinen, bis
Leute zulaufen und der Räuber leer davon muß
laufen. Diesem Knaben schenkte der Kurfürst 20
Gulden.

Man sollte nicht meinen, daß ein Bär durch einen plötzlichen unvermuteten Schrecken so bald in Furcht und Flucht gebracht werde, wenn man nicht dessen so viel Exempla hätte. Wenn man gähling auf ihn kommt, tut er etliche Sprünge und entweicht eine Ecke, kehrt er aber um, ist nicht zu warten.

Auf der vierten Rundung am Fichtelberg begegnete ein alter, grauer Bär einem zottigen Wurzelmann, welcher ihm unvermerkt auf den Hals kam. Darüber der Bär zurückprallete und in eine Sudel fiel.

Anno 1618 gehet eine Bäuerin zu Hermannsdorf hinter ihr Gut im Garten und nimmt eine Ziege mit. Ein Bär bricht durch den Zaun ein und fasset die Ziege beim Hinterteil an und wandert damit nach dem Zaunloch. Die Bäuerin ergreift die Ziege bei den Hörnern und hält sie, der Bär zerret hinauswärts, die Frau schreiet und zerret herein, daß die Ziege zerreißt. Der Bauer kam gelaufen und gab dem Bären einen Streich auf den Kopf, daß er taumelte und verreckte.

Unsere Gebirgler führen ein Sprichwort: Je, daß dich der Bär herze! Davon nachfolgendes Begebnis ist zu merken: Anno 1631 hatte eine Jungfer nicht weit von Hundshübel das Vieh von Waldhäusern auf die Weide getrieben und sich daneben hingesetzt und geklöppelt. Ehe sie sich versehen, kommt ein Hauptbär hinter sie hergeschlichen, beriecht sie und hat mehr Lust, sie zu herzen als zu fressen, drum tatschte er sie gar säuberlich an und gab freins für. Das arme Mensch erschrak und lief eilends mitten unter das Vieh, das setzte zusammen und ging auf den Bären los. Die Dirne schrie und rief, bis ihre Eltern nebenst andern Waldleuten zu Hilfe kamen und sie retteten. Der Bär entwich eine Ecke davon, kam aber bald wieder an den Ort und suchte seine Liebste mit Wittern und Brummen.

Anno 1632 im November hatten die Kaiserlichen die Stadt Zschopau ausgeplündert und weggebrannt, in welchem Tumult sich ein Bär aus dem Bärenzwinger herausgebrochen und seinen Lauf nach Hermannsdorf genommen. Am 30. November trifft er beim Gerichte ein armes Weib mit Pfefferkuchen und Oblaten an, welche sie auf eine Hochzeit tragen und verkaufen wollen, reißet sie mit dem Korb nieder, daß sie sich kümmerlich losmachen und wieder heim nach Elterlein laufen kann. Als er den Korb ausgefressen, folgt er ihr gerade nach, läuft durch Elterlein nach Schwarzbach, reißt daselbst einem Bauern die Scheune auf, steigt auf den Hafer und frißt sich gar satt. Die Leute stiegen zuoberst auf den Giebel und vermeinten, den unverschämten Gast herauszujagen, aber vergebens. Endlich kam der Oberförster von Crottendorf, lockte den Haferdieb mit Honigschnitten herab, fing ihn im Bärenkasten und schickte ihn nach Dresden.

Anno 1634 lag der Pfarrer von Elterlein mit seinen Pfarrkindern auf dem Geyerischen Wald, da sie dann solche Drangsal von Bären hatten, daß man mußte viel Töpfe voll Fleisch vor die Hütten setzen, das Raubvieh abzuweisen. Allein damit lockten sie die Näscher nur besser an, daß sie desto öfter gekommen und den Raub mit Brüllen und Blasen gefordert.

Anno 1639 im Frühling und beim Abgang des Schnees verirrte sich eine Witfrau von Scheibenberg auf der Rittersgrüner Höhe, geht talein ans Wasser und trifft einen Bären an, dem sie entläuft und sich bei einem Stock tief unter eine Fichte verstecket. Der Bär wittert herum und zerreißt den Stock aus Grimm und Ungeduld, läuft dennoch wieder davon, ohne Zweifel durchs Gebet der armen Witib abgehalten. Die Verirrte will da nicht länger trauen, sondern läuft wegen einbrechender Nacht in einen alten Kohlkram und schläft mit Gebet ein. Des Nachts kam eine Bärin mit zwei Jungen, riß den Kram bei ihren Füßen auf, die Jungen leckten so lange an ihren Fußsohlen, bis sie aufwacht. Da ruft und schreit sie zu Gott, davon die Jungen scheu wurden und wegliefen und die Alte hernach. Sie verwahrte den Kram noch besser mit altem Reisig, saß schlaflos im Gebet bis an Morgen und kam des andern Tags ans Kaffwasser und ferner in die Rittersgrün, voller Angst und Schrecken.

Das Niederreißen und Beschädigen von Bären war im 30jährigen Deutschen Kriegswesen gar gemein, dieweil sich das Mordvieh sonderlich anno 44, 45, 46, da es nicht konnte abgefangen werden, dermaßen vermehret, daß über 30 Paar alte Bären mit ihren Jungen nur auf dem hohen Schwarzwald herumgelaufen, Vieh und Menschen beschädiget. Sie liefen nicht nur mit Gewalt in die Kohlhaue, sondern auch in die Bauershöfe und Städtlein vor die Fenster, Ställe und Häuser, suchten ihren Raub im Wald, Wachhütten und Vogelherden, daß man nirgends konnte sicher sein, sondern mußte um das Vieh und Hütten Feuer halten.

Anno 1660 ging Christoph Fleischer, ein Tuchmacher von Stollberg, mit einem Bündel von erkauftem Draht wieder nach Hause zu. Da er bei dem Dorf Zwönitz abends ins Gestrüpp an den Wald kommet, setzt er sich nieder und will sein Geld zählen. Es schleicht aber unvermerkt ein Bär hinter ihm her. Da er aufsteht, fällt zu seinem Glück der Bündel Draht mit Klirren auf die Erde, da wird ein Getümmel hinter ihm und da er sich umsiehet, läuft ein Bär mit Sturm davon.

Anno 1663 wurde ein armer Junge, welcher Brot im Sack trug, von einer Bärin mit zwei Jungen verfolget und zweimal durch das Schwarzwasser zu Sachsenfeld gejagt, auch endlich übereilet und eingeholet. Da er lag, leckten ihm die jungen Bärlein die Füße ab, die Alte aber griff nach dem

Brotsack. Es kamen aber gleich Fuhrleute dazu, die am Wasser hinunter wollten, von welcher Klatschen, Schreien und Rasseln die Bärin verjagt und der Knabe gerettet wurde.

Fersengeld mußte anno 1667 im Juli ein Förster aus Cranzahl geben, welcher nach Crottendorf gehend unterwegs im dicken Gestrüppe ein großes Winseln hörete. Da er dann darnach suchet, trifft er eine Bärin mit zwei Jungen, welche die zottigen Schätzlein an ihre Brust drücket und wärmete. Diese furiose Amme fuhr auf ihn zu, und da er sich zur Erden aufs Angesicht eilends geworfen, setzt sie sich oben auf ihn und macht ihm große Angst, bis die Jungen anfingen zu winseln und ausrissen. Da ließ die Alte ab und setzte den Jungen nach. Der Förster aber kam mit der Flucht davon.

Anno 1677 ging Christoph Müller, ein Hermannsdorfer, vom Wald abends mit seiner Zimmersäge nach Haus, denn er hatte Schindeln gemacht. Im Gehen hörete er etwas winseln, diesem gehet er nach in der Meinung, es möchte etwa ein Mensch daselbst herum haben Schaden genommen. Wie er in das junge Holz hineinkommet, findet er eine Bärin, die zwei junge Bären geboren. Die läuft den Müller plötzlich an, ergreift die Zimmersäge und ballet sie zusammen bis auf eine halbe Elle. Der Mann entspringet und lässet alles fahren. Des andern Tags gehet er selbdritt wieder an den Ort und findet seine Säge zusammengewunden wieder. Und weil die alte Bärin damals nicht bei den Jungen war, faßten sie die jungen Bärlein an und liefen damit nach Hause auf das Dorf zu. Nach zwei Stunden kam die Bärin vors Dorf und brüllete jämmerlich. Als dieses der auf dem Schlettauer Schloß wohnende Forstmeister erfuhr, nötigte er die Bauern, daß sie die jungen Bären wieder zum Wald tragen mußten, da sie dann von der alten Bärin sind weggeschleppt worden. So gar inniglich liebet eine Bärin ihre Jungen, daß sie manche Rabeneltern sollte schamrot machen!

Anno 1685 hatte Abraham Brückner, ein bestallter Fischknecht, immer Verlust an seinen Fischen. Er ging in der Osternacht bei Nacht an sein Wasser, um die Schmerlreiser zu bewachen und die vermeinten Diebe zu erschleichen. Lagerte sich mit einem starken Zaunpfahl bei finsterer Nacht unter ein Erlenbäumlein. Es nahete sich etwas zu ihm mit einem ungemeinen starken Traben und Geräusche, darüber ihm das Herz geklopfet und er denket, das werden deine Diebe sein, und stellet sich zum Schlag. Da er in der Finsternis etwas Graues erblickt, schlägt er los, aber erfährt mit großem Schrecken aus des Bärs Brummen, mit wem er angebunden habe. Der Bär selbst fünfen richtete sich mit großem Brummen und Sprudeln gegen ihn auf und roch aus dem Hals (ohne Zweifel von Ameisen) wie Weihrauch und Gewürze. Der Fischknecht errettete sich mit großer Gefahr

ins Wasser, kommet auf einen großen Stein zu
treten, wirft endlich seinen Hut hin und gibt ihn
preis, auf den sie alle zufallen. Da sie nun wieder
ansetzten und ihn ängsteten, warf er sein Fisch-
fäßlein auch hin, welches sie aber nicht groß ge-
achtet, sondern ihn aufs neue belagert, also daß
sie mit ihrem Tummeln und Wüten einen ganzen Platz, wie morgens der Augenschein gegeben,
mürbe gesappet und ihn weidlich abgeäschert. Der
Fischknecht hat sich zwar mit Schreien und Schrek-
ken nach Möglichkeit gerettet, konnte aber die zornigen Diebe nicht eher los werden, bis mit anbrechendem Morgen in der Nachbarschaft etliche
Schüsse geschahen, dadurch die Bären in die Flucht
gebracht wurden und ihn halbtot hinterließen,
welchen Schrecken er auch hernach bekranken
müssen.

Wunderliche Wolfsgeschichten

Es ist in diesem Waldrevier
Nächst Bären kein so grimmig Tier,
Zumal wann kalte Winter sind,
So raubt und frißt er, was er find.
Zerreißt die Wachhund auf dem Feld,
Trägt Schaf und Ziegen in die Wäld,
Doch fleucht er ohne Raub und Blut
Vom Rasseln, Stein und Feuersglut.

Es geschieht dem Gebirge von diesem Ungeziefer
großer Schaden und wird der Wolfsschaden un-

ter dem Wild jährlich auf 500 fl. [Gulden] und wegen der Wölf in ihrer Raubbrut noch einmal so hoch geschätzet. Ich setze, wenn in diesem Waldgebirge nur zehn Paar zehn Jahre lang herumliefen und jedes Paar in einem Jahr zehn Junge brächte, so würden sie sich auf 1200 vermehren. Die könnten ein ganzes Land ausräumen und wüste machen. Nun kommet nicht leicht ein Winter hin, darinnen nicht sollten 20 Stück an meißnischer Grenze abgefangen werden, dennoch mangelts an Wölfen nicht, welcher Aufsuchung jährlich der gnädigen Landesobrigkeit große Unkosten, den Untertanen aber viel Müh und Plage verursachet.

Anno 1621 jagte ein hungriger Wolf in Rittersgrün ein Stück Wild durch den Bach in den Hammerteich. Weil er sich aber in den Teich nicht getrauete und dem entfernten Braten nicht zukonnte, heulte er mit offenem Rachen darnach, riß Rasen vom Damm heraus und würgte ihn im Grimm hinein, weil er für dieses Mal keine bessere Mahlzeit haben konnte.

Anno 1632 fuhr ein böhmischer Förster von der Gevatterschaft zu Platten [Horni Blatná] im Winter mit seinem Weibe wieder nach Abertham heim. Etliche Wölfe jagen ihm nach, daß er seine Pirschbüchse loszündet und einen erschießt, gibt damit dem Weib das Riemseil in die Hand, steigt ab und will den erschossenen Wolf aufladen. Unterdessen wird das Pferd scheu, reißt mit der Frauen, Schlitten und Büchsen aus, eilet und kommt bis an des Försters Haus. Die Frau schickt den Schlitten alsobald mit Fackeln zurück, den Mann zu holen. Aber zu spät. Die Wölfe hatten nicht allein den erschossenen Wolf ganz und gar, sondern auch den Förster halb gefressen. Den bringen sie in seinem Blut tot nach Hause, mit großem Jammer und Herzeleid der Seinigen.

Im Dreißigjährigen Deutschen Krieg, von anno 1630 bis 1644, konnten die Wölfe im Gebirge nicht abgefangen werden, daß sie in großer Menge, zu 10 und 20, wie Hunde in die Städtlein und Dörfer liefen, ihren Raub vor den Türen und Fenstern suchten, die Kutteln und Gebeine von dem geschlachteten Vieh, so die Soldaten auf den Gassen liegenließen, aufklaubten und unter dem Wild winters und sommers überaus großen Schaden taten und dasselbe so scheu machten, daß sich das arme Vieh in die Dörfer und Flecken geflüchtet und bei Menschen Hilfe gesucht.

Wie ich denn anno 1639 in dem Bergstädtlein Scheibenberg gesehen, daß im Winter sich ganze Herden Wild zwischen dem Gottesacker salviert und vor den Wölfen in den nächstanliegenden Grasgärten sich aufgehalten. Und dennoch war auch da keine Sicherheit. Denn sobald es Nacht wurde, kamen die hungrigen Raubwölfe, zerstreuten das Wild, rissen hier und da ein Stück nieder und verzehrten es, daß man nicht nur das

jämmerliche Schreien und Brüllen gehöret, sondern auch frühe im Schnee einen blutigen Schlacht-
platz nach dem andern gefunden, als auf einem
Kuttelhof. Und also wurde damals das Wild sehr
dünne gemacht.

Anno 1635 hat ein Wolf zu Weipert [Vejprty] am
Pöhlbach eine Haustür aufgelaufen. Die Wirtin
klippelte des Abends nach der gebirgischen Ge-
wohnheit, der Wirt hatte sich vor Müdigkeit auf
die Bank gelegt. Das Haushündlein fing an, im
Hause sehr zu bellen und jämmerlich zu schreien,
daß der Wirt vermeinte, es wäre ein Dieb da,
der ihm das Pferd stehlen wolle. Er leuchtet mit
einem Licht ins Haus, da fährt das Hündlein an
den Wolf, dieser aber rennet die Tür auf, der
Wirt erschrickt und tut einen großen Schrei, und
der Räuber geht davon.

Ein Schuhmacher war in Crottendorf zu Markt
gewesen. Im Heimweg liefen ihn zwei Wölfe an.
Da er seinen rostigen Degen nicht alsobald aus-
ziehen kann, schlägt er mit dem Gefäß um sich,
daß dem einen Wolf das Maul blutete. Die Wölfe
setzten noch grimmiger an, er machte sich rücklings an eine Steinmauer, und da er um sich
schlug, traf er den Steinhaufen, daß etliche Steine
mit Poltern herunterfielen. Darüber erschraken
die Wölfe, daß sie davonliefen.

Wir wollen von dergleichen Wolfs-Kämpfern
noch mehr Begebenheiten anführen. Der Reitzen-

hainer Paß hat drei Stunden lang Wald. Dadurch schickte ein Fuhrmann von Burkhardtsdorf, Michael Wezel, seine Fuhr voran, er aber ging allein bei Satzung hinten nach. Ein Wolf vertritt ihm den Weg und will nicht weichen und fällt ihn endlich an. Der Fuhrmann kriegte den dürren Hund beim Kamm, fiel mit dem Leib auf ihn und marterte sich so lange mit ihm ab, bis seine andern Gespanne nachkamen und den Wolf, welcher dem Fuhrmann seinen Koller häßlich zerzauset hatte, niederschlugen.

Da ein Schmied von Crottendorf nach Hause gehet, begegneten ihm zwei Wölfe mit einem Stück Wild, daran der eine hing. Das Wild rennet auf die nächste Steinmauer und reißt sich los, daß es Haut und Haar im Stich ließ. Der Schmied, vom Rausch beherzt, reißt seinen Säbel heraus (denn damals hat alles auf Hochzeiten Gewehr getragen) und läuft über die Wölfe, die sich ums Stück der abgerissenen Wildhaut bissen. Der eine sprang ihm in die Seite und riß ein groß Stück aus dem Rock. Weil aber dem Schmied ein Streich geriet, wurde der blutende Wolf feig und lief dem andern nach.

Auf dem kalten Kretschmar über Neudorf hatte sich ein Wolf in der Grube gefangen und sollte lebendig herausgebracht werden. Der damalige Förster, der lange Michel genannt, stieg hinein, ergriff den Wolf bei der Haut und sagte: Komm her, liebes Wölflein. Nahm ihn auf die Achsel und trug ihn also die Fahrt heraus. Der Wolf war so fromm als ein Lamm und ließ sich einsperren.

Anno 1645 wurde im Januar der Spittelvogt von St. Annaberg nach Bärenstein geschickt. Dem begegnen zehn Wölfe mit ihrer Wolfsbraut. Da diese bei ihm Rettung suchet, stand der gute Mann in größter Lebensgefahr. Indem fangen die Wölfe an, werden uneins um die Braut und beißen sich mörderlich herum. Der Mann entspringt auf eine Fichte und siehet der Kirmes zu, bis die Wölfin entrissen.

Auf dem Emler war ein Wolf in einen Schacht gefallen. Da der Steiger frühe einfährt, erschrickt er über die Maßen. Und da er endlich den seltsamen Schlegelgesellen recht in Augenschein genommen, schlingt er ihm eilends das Seil um den Hals und schreiet dem Haspelknecht zu, er solle hinausfördern. Das geschieht, und dann verstricken sie die Bestie und bringen sie lebendig nach Hause.

Von Hirschen

Es ist nicht zu beschreiben, wieviel Schaden von Hirschen uns Gebirglern geschehe. Denn dieselben mit ihren Wild [Kühe] und Kälbern, beides, im jungen und reifen Getreide liegen, in Äckern, Gärten und Wiesen alles abfressen. Daher man die Äcker mit großen Kosten umzäunen, mit Wildscheuen bestecken, mit großem Verdruß des Nachts beschreien und bewachen, mit Feuer, Trommeln, Blasen, Schreien, Jagen, Hunden einen großen Alarm im Feld machen muß. Und ist dennoch allenthalben Schadens genug, weil das Hirschwild zu 10, 20 und 30 Stücken miteinander einbricht.

Auf dem Unterhammer in Wiesenthal kam im harten Winter ein großer Brandhirsch vor das kurfürstliche Zollhaus, stand vor den Fenstern und suchte Futter, welches ihm auch oben vom Boden herabgeworfen wurde. Ein gegenüber wohnender Hammerherr siehet diesen hungrigen Gast stehen, gehet guter Meinung auf ihn zu und langet ihm ein wenig Heu auf einer Schindel entgegen. Der Hirsch ergrimmete sich und stieß ihn nieder, verfing sich aber in seinen mit vielem Band staffierten Kleidern, daß ein Geschrei wurde und der unfern wohnende böhmische Oberförster mit seiner Pirschbüchse gelaufen kam und den Hirschen, in Betrachtung der Todesgefahr, über den zur Erden liegenden Hammermeister niederschoß.

Anno 1655 hielt Caspar Wittich, ein Hammerherr unter Johanngeorgenstadt, einen jungen Hirschen, welchen er aufgezogen und so zahm gemacht hatte, daß er neben dem Schlitten und Reitern wie ein Hund herlief. Dieser gab einem Bergmann von Haus aus das Geleit bis nach Schwarzenberg und stieß daselbst auf dem Markt zwei Menschen nieder, bis ihn die Hunde zum Tor

hinausjagten. Zwei Tage hierauf kam er am Sonntage zu Breitenbrunn unter der Predigt in die Kirche, darüber ein Alarm entstand, in dem die Kommunikanten nicht wußten, wie sie ohne Gefahr nach dem Altar gehen sollten. Der Hirsch setzte sich nieder, ließ singen und kommunizieren, beim Segensprechen stand er auf und ließ dann eins Teils Leute ohne einigen Schaden vorbei nach Hause gehen, den letzten aber drohete er. Doch ging er ohne Beleidigung weg nach Hause, und weil er dann einen Hammerschmied fast totgestoßen, mußte er abgeschaffet werden.

Anno 1657 gab ein Förster einem Hirschen einen Schuß. Indem dieser fällt, macht der Förster seine Pirschbüchse wieder fertig, aber der Hirsch stand auf und tat, ungeachtet des anderen Schusses, einen grimmigen Lauf auf den Förster, jagte ihn, und da er sich hinter eine dicke Fichte salviert, läuft der Hirsch mit solcher Gewalt an den Baum, daß die Geweihe und Äste stückweise herumspringen. Zum guten Glück setzet der Hund stark an den Hirschen, und indem sich der Hirsch wendet, den Hund anzugreifen, geriet dem Förster der dritte Schuß, daß der rachgierige Hörnerträger Knall und Fall zur Erde stürzte.

Anno 1659 ging ein Hirsch in Waltersdorf herum und wurde von Hunden verfolgt. Er retiriert sich mit dem Rücken an den Bach und wehrte sich vornen sehr gewaltig. Der Richter im Dorf wollte verwehren, daß der Hirsch nicht gar ermüdet und niedergerissen würde. Da setzte der Hirsch auf ihn zu, fasset ihn auf die Geweih und warf ihn in den Bach.

Anno 1660 kämpften zwei starke Hirsche, ein Zwölf- und ein Vierzehner, auf der Luchsheide in der Brunst so hitzig, daß sie ihre Stangen unauflöslich zusammengewunden und mußten also beide beisammenhangend enthirnet und gefället werden.

Anno 1678 und 79 liefen Hirsche und Wild ins Städtlein Scheibenberg, tranken an Wassertrögen, fraßen die Strohstöpsel von Kellerlöchern, den Stellschaub vom Markt und das Strohfutter von den Ständern. Sie sprangen in die Gärten, verzehrten das daselbst liegende Kraut und verderbten die jungen Bäumlein, scheueten sich weder vor Menschen noch Hunden, sondern erwehrten sich beider. Da hilft kein hoher noch starker Zaun, ein Hirsch springet fünf Ellen hoch darüber. Die Hindinnen aber können sich mit ihren Kälbern wie die Ziegen ganz geschmeidig durchschlingen und machen mit Saat, Kraut und Pflanzen so kurze und erbärmliche Arbeit, daß der Hausvater seinen Jammer siehet, weil Mühe und Unkosten, Saat und Zaun, Sorge und Wache wegen so frecher, unverschämter Gäste verloren ist.

Im vorigen Kriege mußten sich die Fuhrleute auf
der Straße wegen der Mause-Parteien sehr zusam-
menhalten. Unter denen selben war einer, der
hatte ein Pferd, welches in allen Ställen Händel
anfing, um sich schlug und biß, daß sein Herr
selbst nicht sicher dabei war und hatte stets mit
andern deshalber Ungelegenheit. Als er einst unter anderen Fuhrleuten war und gegen Abend
diese Gespannschaft an einem Gebirge und hoh-
len Wege von einem Haufen heißhungeriger
Wölfe angefallen wurde, mit welchen sie zwar
lange zu streiten hatten, diese aber sich nicht ohne
Beute abweisen lassen wollten, so wurden die
Fuhrleute geschwind eins, demselben Fuhrmann
sein Pferd zu bezahlen und es den Wölfen preis-
zugeben. Welcher es auch nach dem Vergleich aus-
spannete und in die Rapuse gab. Da denn die
hungrigen Jäger sich an dieses Wild machten. Das
Pferd aber schlug um sich, riß aus und ging wald-
ein. Damit wurden die Fuhrleute der Schnapp-
hahnen los. Abends, da sie in dem Wirtshause zu
Tische sitzen, klopfet etwas an, und da eine Magd
die Obertür aufmachet, recket das Pferd, so dem
bekannten Weg wieder nachgegangen war, den
Kopf hinein. Die Magd erschrickt, schreiet über-
laut und meinet in dem Finstern, es sei ein Ungetüm. Da sie aber das Pferd erkannten, gabs ein
gut Gelächter. Man sah aber, wie das Pferd im
Kampf hinten und vorne angebissen worden, daß

hie und da Flecke herabgehangen und, weil sich dessen niemand annahm, ging es drauf. Es war bezahlt. Jedoch hatte es drei Wölfe erschlagen und etliche beschädiget, daß sie alle mit blutigen Mäulern abziehen müssen.

Anno 1633 hatten sich die Scheibenberger und Crottendorfer aus Furcht vor dem Holkschen Einfall auf den hohen Schwarzwald salvieret und ihr Vieh teils in Hütten, teils an die Bäume gebunden. Als die Nachbarn zusammentraten, eine Kuh schlachten zu lassen, und davon die Viertel an die Bäume aufgehängt, riecht ein Bär das Blut, kommet des Nachts an die Hütten und will eine Beute holen. Aber zwei Stiere merkens, rissen sich von den Bäumen los und verjagten den Räuber.

Anno 1633 im Kriegswesen hatte eines Fleischers Weib zu Platten [Horni Blatná] einen salzigen Beutel im Stalle, nahe bei der Krippen, mit vier Gulden versteckt. Den witterte die Kuh aus und fraß ihn gar hinein. Als sie nun bald darauf geschlachtet wurde und der Lehrjunge J. G. Jordan die Kuttel ausschüttet, findet er etliche böhmische Groschen und im Nachsuchen auch den Beutel halbverweset mit dem übrigen Geld. Also kam ehrlicher Leute, so in Verdacht gezogen worden, ihre Unschuld an den Tag.

Zu Stahlberg kaufte ein Fleischhacker ein Kalb für sechs Gulden. Da er es geschlachtet und den Magen ausschüttet, findet er darinnen einen Beutel von sechs Gulden Geld, welchen das Vieh verschlungen gehabt, konnte also mit seinem Kauf wohl vergnügt sein.

Anno 1639 wurde eine Kuh in Scheibenberg so lüstern, daß sie einen Fuchsbalg, eine Kinderschaube und der Nachbarn Kässäcke, Mannshosen und andere Dinge gefressen.

Anno 1646 hatte Georg Köhler, ein Bauer von der Sorge bei Joachimsthal [Jáchimov], mit zwei Pferden und einem Zugochsen mit Hilfe seines Sohns in der Stadt Heu eingeführet, und nachdem er sich ziemlich abgemüdet, schicket er den Sohn mit den Pferden heim. Er aber will mit dem Ochsen nachfolgen und trinket indes auf die Hitze, daß er halbtrunken wird. Darauf schlingt er das Riemseil an den Daumen und geht mit dem Vieh fort. Da er hinter die Neustadt kommet, wird der Ochse scheu, reißet den Mann nieder, schleifet ihm Haut und Haar vom Kopf, daß das Gehirn an Steinen klebengeblieben, reißt ihm den Daumen samt der ganzen Flechsen bis an die Achsel aus der Hand und läuft damit heim. Seine Leute meinen, der Vater sei beim Trunk sitzenblieben. Als aber der Sohn den Ochsen losmachet und anhänget, findet er des Vaters Daumen eingeschlungen, und da sie ihn suchen, liegt er zwischen zwei Mauern tot, an allen Gliedern zerrissen und zerfleischet.

Es hat mir ein alter Mensch erzählt, daß vorzeiten in St. Annaberg ein reicher Bürger einen Hund gehabt, welchen er nach Fleisch und Bier geschickt, den Handkorb an den Hals gehangen und das Geld in einem Papier dareingelegt. Wenn er dann auf dem Wege mit seinem abgeholten Fleisch nach Hause geeilet und von seinesgleichen losen Burschen angegriffen worden, setzte er den Korb nieder und biß sich solang, bis er Frieden erlangte und nach Hause kam.

Einem starken Mann zu Wiesenthal wurde im Faustgemenge ein großer Flatschen vom Ohr, Backen und Hals mit einem Säbel weggehauen, daß das Stück hin in die Stube sprang. Da der eilends geholte Bader soll verbinden, hat der Hund das abgehaune Stück schon halb gefressen. Daher der Verwundete hernach oft hören mußte, die Hunde hätten bei lebendigem Leibe schon von ihm gefressen.

Anno 1630 nach dem Brand lief mit Wolf Tietzen in Annaberg sein fetter Hund in die Kirche, verschlief darinnen das Heimgehen. Da indessen der Herr verreiset, bleibet er 14 Tage und Nächte unter seinem Stuhl ungegessen liegen, bis er nach 14 Tagen ganz abgezehret vom Diener gefunden wurde.

Anno 1613 lebte in Weipert [Vejprty] ein alter ehrlicher Priester, der ein besonderer Katzenfreund war, und weil er keine Kinder hatte, hielt er immer acht bis zehn Katzen an seinem Tisch. Als er dieselben zur Pestzeit, das gefährliche Ausschweifen zu verwehren, ins Haus jagen wollte, hatte er das Unglück, daß er ein Bein darüber brach. Da er verstorben und sich ihrer niemand mehr angenommen, sollen sie sich fleißig um sein Grab haben finden lassen. Vielleicht weil er sie im Testament vergessen!

Anno 1667 war A. H., ein Richter zu Neundorf auf der adeligen Seite, gestorben. Als am dritten Tage ein Nachbar, so im Hause wachen sollte, die Leiche besiehet, nachdem er vermerkt, daß sie kein Licht dazu gesetzet, sitzet eine schwarze Katze auf der Leiche, hatte schon Maul, Nase und den halben Backen weggefressen, welche er wegjaget, die Leiche zudecket, wie sie auch anfangs gewesen war, und es nur anzuzeigen in die Stube und mit andern wieder hinausgehet, sitzet die schwarze Katze schon wieder auf der Leiche und springet davon.

Anno 1674 hat zu Dittersdorf bei Reichenbach eine Mutter ein dreivierteljähriges Kindlein schlafengelegt und ist ihrer Arbeit nachgegangen. Inzwischen hat eine Katze, die sich in die Kammer verschließen lassen, dem Kinde die rechte Hand abgefressen und zwei Löcher in den Kopf gebissen. Doch ist es noch beim Leben erhalten und geheilet worden.

Anno 1689, den 22. November, hat sich im Dorfe Reichenau, unter das Frauensteinische Amt gehörig, eine Katze auf Christoph Horns in der Wiegen liegenden Kindes Gesicht geleget und es ersticket.

Vogelgeschichten

Auf dem adligen Hause Scharfenstein wurde ein Adler an einer Kette gehalten. Als einstmals vornehme adlige Gäste ankamen und ein eingebüscheltes kleines Kind aus dem Wagen nahmen, fährt der Adler darauf zu, ergreifts mit den Klauen und hälts feste. Die Mutter des Kindes aber ergreift im Schrecken ihres Lakaien Degen, trieb den Räuber mit Gewalt ab und rettete das arme in Gefahr stehende Kindlein.

Ein Gebirgler stand in Handlung mit einem Singevogel-Jubilierer und konnte mit ihm des Kaufs nicht eins werden, ungeachtet er ihm zwölf Taler an leichtem Geld für eine pfeifende Amsel geboten. Eine Katze gab den Ausschlag und erhieb die nächstfolgende Nacht die Sängerin.

Ein Bäcker in Annaberg hatte eine junge Dohle auferzogen, die ihr Nest oben auf der Hausmauer hatte und sonst ganz heimlich und gewöhnlich war. Der Wirt pflegte alle Morgen zu backen und das Geld, das er aus Kuchen, Semmeln und Brezeln im Hause gemarktet, in ein Backschüsselchen auf den Tisch zusammenzulegen. Man vermissete täglich etwas vom Gelde und wurde auf ein und anders ein Verdacht geschöpft. Da man ungefähr etwas im Hause oben auf der Mauer suchet, da fand sich das von dem diebischen Hausvogel zusammengetragene Geld in guter Menge beisammen.

Ein obererzgebirgischer Fuhrmann war dem Edelmann zu Neukirchen bei Chemnitz [Karl-Marx-Stadt] zu Schaden gefahren. Sein Kutscher wollte ihn pfänden, der Fuhrmann aber hieb ihm mit der Geißel bald die Augen aus. Darüber wurde dieser eingetrieben, alles arrestiert und sollte 80 Gulden Strafe geben. Endlich wurde er mit einem Geringen losgelassen mit dem Beding, er sollte des Edelmanns drei Schwäne aus dem Schloßgraben treiben. Da er nun gedachte, der Sache bald Meister zu werden, wurde er von den Schwänen mit ihren Flügeln so zerschlagen, daß er jämmerlich schrie und braun und blau aussah.

Es gibt manche Jahr allhier eine große Menge Vögel, daß mir Beispiele von anno 1613 bekannt, daß mancher Vogelsteller auf einem Morgen an Ziemern und Druseln zu drei bis fünf Taler Wert gefangen. Auf solchen Gewinst machte sich anno 1646 ein Vogelsteller aus Crottendorf große Rechnungen. Er hatte einen großen Vorrat von gehangenen Vögeln und gedachte, sie im Gebirge nach Wunsch loszuwerden. Er rumpfte und salzte sie ein, brachte sie auf die Neujahrsmesse nach Leipzig, legte sich in einen Gasthof, aß teure Mahlzeiten in Meinung, seine Vögel würden alles einbringen. Da es aber zur Zahlung kam und kein Bargeld bei ihm war, fragte man, womit er denn handele. Da er seine Torheit bekannte, hatte er Spott zum Lohn und Gewinst und mußte die Vögel dem Wirt lassen.

Im Deutschen Krieg hatten die Soldaten auf dem Ziegenschacht alles verjagt und ausgeplündert, daß die armen Leute im Auflauf was möglich gewest gerettet und damit ausgerissen. Ein Zeisiglein wurde bei solchem Schrecken und Tumult unter die Bank geworfen, daß es daselbst ohne Menschenhilfe in seinem Bauer drei Tage lang Hunger leiden müssen. Nachdem die räuberischen Parteien wieder fortgegangen und die flüchtige Wirtin wieder in ihr Haus kommet, fänget das hungrige Zeisiglein unter der Bank seinen Gesang an: Aus tiefer Not schrei ich zu dir! Welches die Frau erbarmet, daß ihr die Tränen in die Augen stiegen.

Anno 1662 stellte ein Bauerskerl Vögel bei Satzung. Da fiel ein starker Adler in den Vogelherd, welcher die Vogelbauer mit den Krallen zusammenknirschete. Der Vogelsteller erschrak, zog zu, und weil er den Adler nicht kennete, auch nicht lebendig bezwingen konnte, schlug er ihn mit einem Prügel tot.

Seltsame Begierden
von Schwangeren

Im März anno 1623 sah Anna, Christoff Dietrichs, gewesenen Bergmeisters in Scheibenberg, Ehefrau, ihrem Herrn zu, wie er Briefe schrieb und dieselben mit Sand bestreuete. Es kam ihr eine so große Lust nach Streusand an, daß sie über der Mahlzeit nicht essen konnte. Sobald ihr Mann aus dem Hause gegangen, machte sie sich über die Streubüchse, schüttete allen Sand heraus aufs Papier und aß ihn mit Lust wie Zucker.

Anno 1649 war eines Maurers, Hans Losens, Frau bei einem Bäcker Gevatterin. Da zum Gebratenen rote Rüben aufgesetzt wurden, verwandte sie kein Auge davon, griff zu und aß mit gieriger Freude. Man winkete dem Kindesvater, er sollte noch etwas mehr Rüben ins Schüsselein tun lassen. Da aber das Schüsselein vom Tisch kam, fiel die schwangere Frau stracks in Ohnmacht, und da das mit Rüben gefüllte Schüsselein wieder dargegeben wurde, konnte sie keine mehr weder riechen noch sehen.

Anno 1658 schickte ein Mann zu Crottendorf seines Sohnes schwangeres Weib mit einer Kanne voll halbwüchsiger Forellen, sie in den Teich zu schüt-

ten. Das Weib biß aus brünstiger Lust einer nach der anderen den Schwanz ab und aß ihn roh hinein und wirft die also verstümmelten Fische in den Teich. Der alte Vater gehet am Teich spazieren und siehet, daß die Hälfte der Forellen am Schwanz zerbissen tot in der Höhe schwimmt, fragt nach der Ursache, sie bekennets und sagt, wenn sie hätte dürfen recht zubeißen, sie hätte sie alle wollen roh und lebendig auffressen.

Es ist mir von alten Annabergischen Leuten erzählt worden, daß zur Zeit, da das Franziskaner Kloster daselbst noch in Flor gestanden, einstmals zwei Mönche desselben Ordens bei der Abtei die Gasse hervorgegangen, willens in die Badestube zu gehen. Eine hochschwangere Frau gehet ungefähr hinten nach und kriegt eine unbezwingliche Sehnsucht, in eines Mönchs nackendes Bein zu beißen, schreiet ihm nach und bittet, er wolle ihr doch lassen einen Biß ins Bein tun. Er williget endlich ein, wiewohl nolens volens auf seines Klosterbruders Zureden. Da sie nun den ersten Biß getan, hält sie noch um einen an, den er auch in Ansehung ihres Zustandes erduldet. Sie sagt ferner: Ach, sollt ich nur noch einmal beißen! Der Mönch wird zornig, geht davon und spricht: Ei, daß ihr was anders möchtet beißen, ich habe meine Beine nicht gestohlen. Darauf gebiert sie drei Kinder, zwei lebendig, das dritte aber tot.

Der versagte und unersättigte Appetit hat auch nicht geringe Wirkung:

Anno 1624 kaufte eine Bürgerin zu Elterlein etliche Würste, die sie gekocht und bis auf ihres Mannes Heimkunft gesparet, ungeachtet sie eine ungemeine Begierde hatte, alsobald davon zu essen. Darauf brachte sie einen Sohn zur Welt, dessen rechter Arm bis an den Ellbogen wie eine Wurst gestaltet und vorn zugespreilet war. Dieser ist hernach ein guter Musikus und Kinderlehrer worden.

Anno 1650 fing ein armes Weib zu Crottendorf eine schöne Forelle im Bach und hätte sie gerne gegessen. Allein Armuts wegen verkaufte sie dieselbe um zwei Groschen und schaffte Brot ins Haus. Sie gebar aber einen Sohn mit einem Fischmaul und Forenzähnen, der auch gar undeutlich reden lernte.

Anno 1642 stand eine schwangere Mutter aus Oberscheibe und redete mit ihrer Nachbarin. Indessen lief eine junge Katze unvermerkt am Rock hinauf und häkelt sich am Arm an, darüber sie sehr erschrickt und bringt hernach eine Tochter mit einer solchen Katzenpfote ohne Hand und Finger am rechten Arm zur Welt.

Anno 1665 hielt sich eine schwangere Rittmeisterin eine Zeitlang in Oberwiesenthal auf und trieb den Spitzenhandel. Da sie einstmals vor dem Spiegel stehet, ihren Hauptschmuck anleget und richtet, kommt die freche Magd hinterrücks hinzu, sperret ihr ein gräßliches Schlaraffengesicht und vermeinte nicht, daß es die Frau sehen sollte. Sie aber erblickte das Larvengesicht mit solchem Schrecken, daß sie darüber plötzlich erkrankte, abortierte und die Magd von sich jagte.

Endlich gibt die öftere Erfahrung, daß vielerlei Muttermale und unförmliche Gestalten durch die äußerlichen Sinne vermittels der Einbildungskraft und des Zulaufs der immer geschäftigen Geisterlein der Leibesfrucht eingedrückt werden. Insgemein sagt man, die Frau hat sich versehen:

Anno 1630 zog eine Bürgerin in Schlettau ein Schäflein auf, mit welchem sie oft spielte und kurzweilte. Sie gebar darauf einen Sohn mit einem weichen wolligen Schafskopf, der stutzte gern mit anderen Kindern und überwand sie mit seinem Hirnbatzen.

Anno 1634, den 31. Mai, gebar eines Fleischhakkers Tochter, die einem Schuhmacher verehelicht war, ein schönes Töchterlein, aber hinten mit einem kurzen Schöpsschwänzlein, dieweil sie ihrem Vater gar zu scharf zugesehen und geholfen, da er einen Schöps geschlachtet und endlich das Fell vom Schöpsschwänzlein abgezogen hatte.

Anno 1643 sollte eine schwangere Frau ihrer Muhme, einer Hammerfrau zu Schönheide, einen Spießkuchen backen. Weil dann der Kuchen übel geriet und die Hammerfrau darüber eiferte, entsetzte sich die Schwangere darüber und gebar einen Sohn mit Spitzen und Hübeln an Kopf und Händen, wie die Spießkuchen haben.

Ungemeine Begebenheiten vor,
in und nach der Geburt

Anno 1639 hörte Samuel Morgensterns Eheweib zu Neudorf ihr Kind unter mütterlichem Herzen weinen, darüber sie sich sehr gehärmet, wie denn auch erbärmliche Zeiten gefolget.

Es wartete anno 1684 eine Müllerin zu Böhmisch-Wiesenthal [Loučná] ihrer häuslichen Arbeit in der Stube um den Ofen herum und hörte darüber ihre Leibesfrucht bitterlich weinen. Kurz hernach brannte die ganze Mühle weg.

Anno 1697, den 7. Februar zu Mitternacht, hat Georg Winkler, ein Bergmann in Klein-Waltersdorf bei Freiberg, nebst seinem Eheweib, als sie beide munter und wachsam gewesen, die Frucht unter dem mütterlichen Herzen weinen hören. Welches Weib hernach zwei Söhne zur Welt gebracht, die keine gesunde Stunde gehabt, weil an ihrem Leibe und Gliedmaßen große garstige Blasen oder Blattern aufgefahren, die ihnen, sonderlich wenn sie aufgewindelt wurden, große Schmerzen verursachet, daß sie weder Tag noch Nacht ruhen können, bis sie endlich gestorben.

Anno 1637 starb in der Miepe [Mittweida-Markersbach] Hans Schmiedels klein Weibel in der Geburt, welche, nachdem sie lange gekreißet und überaus viel ausgestanden, dennoch das Kind nicht zur Welt bringen konnte. Da sie verschieden, wollte man gleichwohl wissen, wovon diese Frau das Leben einbüßen müssen. Der Pfarrer, N. Mylius, brachte durch etlicher Weiber freiwillige Steuer etwas Geld zusammen und ließ der Verstorbenen hohen Leib aufschneiden. Da fand sich eine zwar tote, aber starke Leibesfrucht, welche sich in der Größe eines einjährigen Kindes mit dem Hintergesäß vor die Eröffnung der Geburtsstelle gestemmet, darüber die Mutter sterben müssen.

Anno 1650 begab sichs zu Mauersberg, daß eine schwangere Wirtin ihrem Zugochsen wollte Futter vorlegen. Der Ochse aber hitzete mit dem Horn und fasset die Frau gleich am Geburtsglied, reißt ihr also den ganzen Leib auf, daß man die Frucht mußte eilends retten und herausnehmen. Die Mutter aber starb.

Anno 1660 im Juni begab sich ein jämmerliches Herzeleid zu Platten [Horni Blatná]. Ein ehrliches Weib arbeitete in schwerer Geburt und mußte lange kreißen. Ihrem Vater, Balthasar Krimmer, Bergmann auf dem Irrgang, wird die Zeit zu lang, und er vermeinet, die Weiber wollen die Sache nicht gebührend angreifen, treibt sie daher weg und spricht: Ich habs wohl ehe versucht. Er macht sich an die Tochter und reißt mit seinen groben, ungeschickten Händen der Frucht den Kopf ab, daher die arme Kreißerin vom Kinde nicht kommen konnte, sondern mußte mit dem hinterbliebenen Rumpf elendiglich sterben.

Anno 1670 wurde freitags nach dem 20. Trinitatis eine Hure zu Wolkenstein enthauptet. Sie hatte etliche Kinder abgetrieben, und da sie mit dem letzten schwanger gegangen, Gift eingenommen, dadurch die Frucht ganz grün angelaufen und also ans Licht gekommen.

Anno 1681, den 30. April, starb in Zwönitz Justina, Wolf Georg Kreusels Eheweib, im Kindelbette. Die Frucht war schon mit dem linken Ärmlein fast drei Tage lang geboren, aber nach der Mutter Tod im Leibe verschieden. Etlich wenige Stunden vor dem Begräbnis öffnete sich der toten aufgesargten Mutter Leib und gab das tote Kind vollends von sich.

Eben ein solches Beispiel hat Schwarzenberg gehabt, in dem eines Hammerschmieds Weib in Kindesnot gestorben und nunmehro alles zum Begräbnis veranstaltet war. Da die Schule vor dem Hause singet, beweget sich die Frucht im toten Mutterleibe und kommt endlich tot ans Licht. Da mußte alles innehalten, bis das Kind gesäubert und der toten Mutter konnte im Sarg an den Arm gelegt werden.

Es ist in Jöhstadt geschehen, daß Mutter und Kind beisammen geblieben, auch die Mutterleiche schon auf dem Brett in einer verschlossenen Kammer gelegen. Die Leichenwärterin, die daselbst in der Stube übernachten mußte, hörete, daß etwas in der Kammer tatschte und fiel. Sie lief hinaus in die Kammer und sah, daß die Leiche vom Brett gefallen und das totgeborene Kind dabei auf der Erde lag.

Anno 1694 mußte in Wiesenthal eine Kreißerin nach sechstägiger Geburtsarbeit ihr Leben aufgeben. Die Frucht war mit dem halben Haupt geboren, das übrige blieb ungeboren und mußte also etliche Tage lang in der Klemme stecken und sterben, also daß kein Mittel noch Rat wollte anschlagen, Mutter und Kind zu retten und zu scheiden, ungeachtet allenthalben Hebammen und Doktores herzugeholet wurden. Als der verstorbenen Kreißerin Leib durch den Wundarzt geöffnet wurde, fand man eine ziemlich große und starke Frucht weiblichen Geschlechts, die sich mit dem Hälschen, Arm und Beinlein hatte in der Nabelschnur gefangen und verwickelt. Auch die Kreißerin war eine starke, fette Person.

Nachdem der Deutsche Dreißigjährige Krieg geendet und der edle Friede erlanget, hat sich die leidige Weiberhoffart mit allerlei Haarschmuck, Zöpfen, Umgebinden, Zipfelmützen allmählich wieder angesponnen. Diese bestialische Undankbarkeit rügte Gott mit Vorstellung abscheulicher Geburten.

Wunderwürdig war die Zwillingsgeburt, so sich anno 1607 in Annaberg zugetragen, welche mein Großvater, Petrus Lehmann, daselbst gewesener Bürgermeister, in seinem Diario also verzeichnet hat: Anno 1607, den 27. Januar, hat allhier ein Eheweib Zwillinge geboren, die doch nur einen Leib gehabt, aber zwei unterschiedene Köpfe und Hälse, doch hatte jeder Kopf auf seiner Seite auch seine zwei Ärmlein, und haben die beidseitigen Ärmlein einander um den Hals umfangen und geherzet, es hatte auch jede Seite ihre zwei Füßlein, dahero diese ungewöhnliche Bildung auf der Oberkeit Befehl auf ein Leinentuch abkonterfeiet und auf dem Rathaus verwahrlich aufgehangen wurde.

Hierher möchte auch billig gezogen werden das Jammerbild eines lebendigen Gerippes, ich sage eines erwachsenen Kindes in Elterlein, welches noch anno 1624 zur bösen Zeit, da durch das leidige Kippwesen alles enerviert war, zu sehen war als ein Kruzifix. Es konnte weder stehen noch gehen, auch nicht reden, wenn mans in die Höhe hob, sah es jämmerlich aus, als ein Totengerippe, das in Draht gefasset worden.

Anno 1648, den 2. März, gebar Maria, Hans Sonntags, des Hirten Weib, in Neudorf eine tote Tochter ohne Hirnschale, mit offenem Munde, und war der Zeigefinger in die rechte Hand gewachsen. Hoch an der Stirne hatte es zwei große offene Kalbsaugen, hinten am Kopf Haarzöpfe von Fleisch mit zwei glänzenden Senkelnadeln durchgezogen, vorn aber ein wenig Haar um die Ohren geflochten.

Anno 1655 wurden zwei Kinder im Grünstädtler Kirchspiel mit Umgebinden geboren: am 28. Juni gebar Eliä Teubners Weib in Pöhla eine tote Tochter mit einer alamodischen Zipfelmützen auf dem Kopf, wie man die damals pflegte zu tragen; den 12. Juli gebar Paul Raschens Weib in Grünstädtel ein Kind mit Haarzöpfen und aufgeputztem Hauptschmuck, von Fleisch gebildet.

Anno 1658 wurde in Hartensdorf ein abenteuerliches Monstrum geboren mit zwei Köpfen, vier Händen und vier Füßen, welches nach der Taufe bald gestorben.

Anno 1658, am 12. Juli, wurde in Breitenbrunn ein Sohn rauh wie ein Affe geboren, da die Mutter kaum über die Hälfte war. Die Glieder waren alle menschlich und richtig formiert, aber über und über rauh wie ein Affe, starb auch bald und ungetauft. Die Mutter klagte, sie hätte sich an eines Okulisten Affen auf dem Schwarzenberger Jahrmarkt versehen.

Anno 1666, den 7. Februar, gebar Tobiä Jungs, eines Maurers, Weib in Scheibenberg ein totes Kind, ganz braun, mit einer Haube auf dem Kopf und Krausen unter dem Kinn. Es hatte an der einen Hand nur drei, an der anderen aber vier Finger, gleich den Froschpfoten, und war ein Beinlein länger als das andere, gräßlich anzuschauen.

Da hernach die große Schleierpracht aufkam, wurde anno 1678 in Raschau ein Kind geboren, welches auf dem Kopf einen von Bein gebildeten Haarbogen hatte, darüber ein großer Schleier von Fleisch gezerret, abscheulich anzusehen.

Anno 1678 im März in der Fastenzeit brachte Hans Bäßlers Weib in Weipert [Vejprty] acht Wochen nach ihrer Hochzeit eine häßliche Mißgeburt mit einem spitzigen Ziegenkopf, dem die Haut war abgezogen, und mit zwei Hörnern, die anstatt der Augen standen. An den Backen waren zwei große Ziegenaugen, anstatt der Ohren zwei Knöpflein Fleisch, anstatt des Mundes und der Nase ein klein Löchlein hinein, Hände und Füße standen verkehrt zurück.

Anno 1681 im Mai warnete der treue Gott abermals, da die schändliche Haubenpracht bei Weibern und Jungfrauen im Schwange ging. Denn in Crottendorf gebar Daniel Schreibers, eines Landfuhrmanns, Weib ein totes Kind, welches auf dem Haupt ein wunderlich formiertes Stück Fleisch trug, als eine von unterschiedlichen Stücken zusammengefügte Frauenhaube.

Desgleichen wurde anno 1687 im Juli in Buchholz ein Kind mit einer Modehaube geboren.

Zu St. Annaberg starb vor wenig Jahren, anno 1695 im September, im Hospital eine 70jährige Person, welche zeitlebens in Weibskleidern gegangen, mit Namen Charitas Zeumerin, hatte aber ein männlich Gesicht und Rede und um das Kinn einen ziemlich angeflogenen Bart. Ihr Vater war weiland zu Zwönitz Schulmeister gewesen, aber wegen des Deliriums, womit er behaftet, dimittieret worden. Dieser hatte nebst anderen gar seltsam gestalteten und albernen Kindern auch diese Charitas gezeuget, welche sich mit weiblichen Verrichtungen und sonderlich dem Klöppelwerk genähret. War sonst eine fromme und in der Heiligen Schrift wohlbelesene Person, welche, da sie Armuts halber in das Hospital genommen worden, die darinnen Lebenden immer zu strafen pflegte, mußte dagegen, weil ihr endlich das Gehör entfallen, viel darüber leiden. Ob man nun immer wegen des sexus einige Vermu-

tung hatte, so entdeckte doch erst der Tod, was 70 Jahre vor denen, die nicht ihre allernächsten Blutsfreunde gewesen, war verborgen geblieben. Es befand sich, daß sie utriusque sexus membra gehabt, daher noch unterschiedliche Zweifel entstanden, wie man sich bei Abkündigung der Leiche und bei Verlesung des Lebenslaufs zu verhalten hätte. Zumal man hernach wollte bekräftigen, daß sie niemals fluxu muliebrie laborieret und mehr männlichen Geschlechts wäre erkannt worden. Dieweil sie sich aber als ein Weibsbild aufgeführet, mit weiblicher Handarbeit genähret und jederzeit für ein Weibsbild gehalten worden, wurde sie auch mit dem weiblichen Prädikat zur Erde bestattet.

Kindersegen

Von anno 1600 bis einschließlich 1660 sind zu Scheibenberg getauft worden unter sechs Pfarrern 1157 Töchter, darunter Mütter gewesen, die acht bis zehn Töchter geboren. Und daselbst haben fast zu einer Zeit sieben Bürger gewohnet, die in einfacher, auch doppelter Ehe mit ihren Eheweibern 129 Kinder gezeuget.

In Buchholz ists gewesen, daß Christian Müller, ein Bürger, sich vor vielen Kindern fürchtete, nahm daher eine alte betagte Jungfer, die segnete aber Gott in fünf Jahren mit sieben Kindern.

Anno 1599 sind an der Pest in Annaberg gestorben 2201 Menschen, darunter gewesen 111 Paar Ehevolk, 160 Ehemänner allein, 165 Eheweiber allein, 22 Sechswöchnerin, 28 Witwer, 155 Witwen, 80 Jünglinge, 308 mannbare Jungfrauen, 429 Knaben, 431 Mägdlein und sonst 312 ohne Unterscheid, die nicht eingeschrieben worden, und dennoch hat man den Abgang in Annaberg nicht gespüret, daraus abzunehmen, wie volkreich die Stadt gewesen.

Anno 1575, den 14. Januar, ist zu Annaberg gestorben Barbara, Christoph Utmanns alte Witwe, im Alter von 61 Jahren, die 64 Kind- und Kindeskinder erlebet und die Erfinderin des Spitzen-Handels gewesen.

Anno 1681 starb in Geyer Sigismund Siegel im Alter von 87 Jahren, der mit zwei Weibern 27 Kinder gezeuget und 123 Enkel erlebt.

Dahin rechne ich billig das wunderwürdige Exempel einer vielgesegneten Ehe, Loths vom Bomsdorff, kurfürstl. sächs. Oberhofjägermeister, der mit seiner Eheliebsten 29 Kinder gezeuget: Kurfürst Joh. Georg II. versprach ihr einen Rittersitz von 30 000 Reichstalern, wenn sie das dreißigste würde gesund zur Welt bringen: allein sie verunglückte per abortum.

Anno 1647 hatte Paul Ulmann, der Förster zu Lauterbach, eine Marderfalle mit Vogelbeeren aufgestellet. Anna Elisabeth, sein achtjähriges Töchterlein, kreucht den Beeren nach, die Falle erschlägt es, daß ihm das Geblüt erbärmlich zum Mund heraus gelaufen. Man suchte das Kind weit und breit, endlich merket der Knecht einige Fußstapfen von Kinderschüchlein, gehet nach und findet das arme Kind in der Fallen tot, am Angesicht erschwarzet und hatte sich die Nägel an Fingern ganz abgekratzet und abgearbeitet, sich zu retten.

Anno 1655 im Dezember liegt ein Kind in Unterscheibe auf der Bank und spielet mit einer Spindel, fällt damit von der Bank auf die Erde und sticht sich die Spindel so jämmerlich durch den Hals, daß es sterben mußte.

Anno 1679, den 2. März, hatte Daniel Walters, Hüttenwirts in Crottendorf, Kindermägdlein von neun Jahren dem kleinen 23 Wochen alten Kinde Brei zu essen geben. Als nun das Kind nicht mehr essen will, steigt das Mägdlein, das Kind auf dem einen Arm haltend, auf die Bank, das Breischüsselein wieder auf den Ofen zu setzen. Das Kind aber schoß ihr vom Arm in den siedenden großen Ofentopf, das Mägdlein fällt aus Schrecken in die Stube, des Wirtes Sohn ergreift das Kind bei den Füßlein und ziehets heraus. Allein da war die

Haut am ganzen Leib abgangen und noch wenig Leben vorhanden, denn das Kind nur ein Nachthemdlein angehabt. Doch war das Köpflein und Angesicht noch etwas ganz und unversehrt. Dieses geschah mittag um 11 Uhr, drei Stunden darauf ists gestorben.

Anno 1693 im Dezember wurde in der Stadt Eger [Cheb] auf Befehl eine Quantität von Mehl in Fässer eingestampft und sollte nach Regensburg hinauf geschaffet werden. Ein Knäblein läuft das angelegte Fährtlein hinauf und siehet in das Faß, fällt aber gar ins Mehl hinein und erstickt, also daß es kein Mensch gesehen noch gemerket. Man stürzte ferner einen Sack Mehl nach dem andern hinein und stampfte es ein. Indessen vermissete und suchte man das Kind durch die ganze Stadt. Da das Mehl in Regensburg ankommt und die Fässer aufgeschlagen werden, fand man das Kind mit großer Erstaunung und Unwillen im Mehl.

Merkwürdiges von alten Leuten

Anno 1650 zog ein Exulant aus Joachimsthal [Jáchimov], Andr. Kauffmann, welchem zwei Backzähne im 82. Jahr des Alters mit solchen Schmerzen gewachsen, daß er oft wie ein Kind darüber geweinet und drei Jahre danach gestorben.

Anno 1665 starb Hans Gödels Witwe in Wiesenthal, welcher im 80. Jahr ihres Alters noch ein ganz neuer Backzahn mit großen Schmerzen wuchs. Ihr Beichtvater, der sie besuchte und besagte Ursache der Schmerzen nicht glauben wollte, wurde von ihr mit der Hand in den Mund geführet und befand sie also. Darauf sagte sie: Ihr Leute, habts ja den armen Kindern nicht vor übel, wenn sie über den Wölflein hecken so weinerlich sein, ich kann ihn glauben.

Also heckte anno 1678 der 95jährige alte Göbel in Bärenstein wieder einen Schneidezahn mit großen Schmerzen, der ihn aber im Käuen verhindert, weil er sonst ganz zahnlos war, daher er so lange dran gearbeitet, bis er ihn wieder ausgerissen, und ist darauf in etlichen Wochen gestorben.

Hans Himmerlich, ein 110 Jahr alter Bauer zu Grießbach, dessen Weib 105 Jahr alt worden, hat sich von Jugend auf mit Milch und Hausspeisen genähret, der kriegte im hohen Alter ein horniges Oberbein an der Stirn.

Anno 1623 starb Lorenz Weber auf dem Stolzenhain [Háj] im Alter von 95 Jahren, sieben Tage hernach seine Hausfrau 93 Jahr alt, mit der er 65 Jahr ehelich gelebet: wurden beide in ein Grab geleget.

Anno 1672 starb in Wiesenthal Catharina, Hans Piltzens Weib, im Alter von 80 Jahren, welcher im letzten Jahr vor ihrem Tod die Haare wieder gewachsen und die Menses wieder ordentlich ankommen.

Anno 1669, den 6. Juli, starb Georg Weißbach, ein Bauer zu Schönfeld bei Annaberg, seines Alters 99 Jahr fünf Wochen, der konnte noch zu Weg und Stege gehen und ohne Brille lesen. Drei Jahr zuvor nahm er noch eine Jungfer von 30 Jahren zum Weibe.

Anno 1653 ist Georg Meiner, ein Gerichtsschöffe zu Venusberg, im 95. Jahr seines Alters verstorben und hat sein Weib schwanger hinterlassen, welche nachgehends einen Sohn geboren, so derzeit noch am Leben ist. Gedachter alte Mann war von solcher Stärke, daß er kurz vor seinem Tode zwei halbe Tonnen mit Bier unter die Arme genommen und allein aus dem tiefsten Keller etliche 30 Stufen hoch herausgetragen.

Zu Thum hatte ein Mann von 100 Jahren noch eine Tochter gezeuget, und dieser Tochter ein Enkel hat noch anno 1680 gelebet.

In Venusberg ließ anno 1683 Michael Böhm, ein Mann von 83 Jahren, eine Tochter taufen, die er mit seinem kurz zuvor genommenen Weibe von 53 Jahren gezeuget hatte.

Anno 1686 heiratete ein alter 78jähriger Witwer in Annaberg eine alte Jungfer von 52 Jahren, da-

mit er nur eine Wärterin in seinem Alter hätte,
und meinete, die Kinderjahre wären bei seiner
Braut nunmehro lang vorbei. Er ging an zwei
Krücken und konnte mühselig von der Stete kommen, vielweniger seiner vormaligen Wasserlei-
tungsarbeit abwarten, gleichwohl segnete Gott
seine 52jährige Frau, aber sie starb in Wochen,
ließ das Kind hinter sich, welchem der arme alte
Mann mußte eine Amme halten.

Furchtbare Sturzfälle

Anno 1611, den 5. Juli, hörte Wolfgang Reusing,
Kornschreiber der beiden Schönburgischen Ämter
Glauchau und Remsau, frühe nach Mitternacht einen Tumult auf der Gassen. Er ermunterte sich aus
dem Schlaf und will zum Fenster heraussehen. Da
er sich aber über seine auf dem Fenster stehenden
Nelken- und Rosmarinstöcke etwas weit hinüber-
legt, bricht das vom Regenwasser beschwerte Ge-
häuse oder Blumentopfgerüste, und er stürzt hinunter aufs Pflaster, daß er gleich tot bleibet.

Ein Schulmeister in einem Bergstädtlein hatte
nachtwandlerische Passionen. Einmals träumte
ihm, er hätte einen erstochen, steht des Nachts im
Schlaf auf und begibt sich in die Flucht, will sich
auch nicht bedeuten lassen, bis ihm Versicherung
von des vermeintlich Entleibten Leben geschieht.
Zu anderer Zeit stand er in Mitternacht auf,
stieg zum Kammerfenster auf dem Boden heraus,

fiel herunter in solchem Schwarm und brach ein
Bein, da ermahnet er sich und schreiet nach Hilfe.

Am 27. Mai anno 1686, am dritten Pfingstfeier-
tage, begab sich auf dem Unterhammer in Wiesenthal ein ungemein großes Elend. Ein böhmischer Puppenspieler wollte daselbst auf einem großen Oberboden in Daniel Schmiedels Hause von
der Zerstörung Jerusalems agieren; nun war der
Boden alt und dessen Träger oder Querbalken
nur mit Klammern befestiget und nicht eingezap-
fet noch verbunden. Da nun gegen 3 Uhr sich auf
100 Personen, groß und klein, daselbst versam-
melt und auf den Spielmann warteten, bricht der
obere ganze Boden mit Balken und Brettern ein,
schlägt auf den Unterboden, der mit eisernen
Ofentöpfen, Gehäcke, Haustöcken und andern
Hausrat beladen war, zugleich nieder, bis auf das
unterste Hauspflaster. Die armen Leute waren mit
einem jämmerlichen Mordgeschrei unter Brettern,
Sparren, Fenstern, Flachs, Häckerling und anderer Last, Staub und Unflat verschüttet. Die meisten Kinder, welche Gott sonderlich behütet,
sprangen davon, sogar daß auch einige kleine
Schoßkindlein, die im Sturzfall vom Arm über die
Achsel weggefallen, unbeschädigt gerettet worden. Unterschiedlich Verschüttete zog man, sobald
das Gesperre und Gerölle gewältiget, für tot hervor, welche in Ohnmacht und Erstickungsgefahr
lagen, indem insonderheit Nase, Mund und Augen voll Staub und Häckerling waren. Doch wur-

den sie durch eilends eingeflößtes Butterwasser und Zaupenessig zum Erbrechen gebracht und erquicket. Zwei Weibspersonen waren von den Haustöcken und Ofentöpfen erschlagen ..., darunter eine bucklichte Köchin, welche durch diesen gewaltsamen Unfall zum gleichen Rücken, aber damit vom Leben gekommen, weil sie am Rükken und Bein elendiglich zerschmettert war. Andere hatten Arm oder Bein zerbrochen oder waren am Kopf, Nasen, Ohren, Armen und Beinen beschunden, der Hals verdrehet, die Glieder verstauchet, schweißten und brachen Blut von sich, daß man der Beschädigten auf 30 zählte. Eine Jungfrau blieb an einem Sparrnhaken oben mit dem Rocke hangen und verursachte ein seltsames Einsehen, zwei Kinder hatten sich als zwei Hühnlein oben auf einem engen Tramen erhalten. Der Wirt fiel aus Erschrecknis in Ohnmacht, der Puppenspieler ergriff das Hasenpanier, viel habens lange bekranken, auch etliche nachmals die Erde darüber käuen müssen.

Vergiftungen und Giftmischer

Anno 1610 bauete ein Bürger und Bergmann in Scheibenberg, Greger Pertel genannt, auf einer Kobaltzechen auf Silber und schüttete den gewonnenen Kobalt sehr unbedachtsam auf den Boden, da sein Backkorn gegenüberlag. Da er von diesem Korn läßt backen, wurden sie alle im Hause krank, und kam der Müller in Verdacht, er habe etwa dem Ungeziefer mit giftigem Pulver gestellet und das Mehl verwahrloset. Er verkaufte einen Teil des Korns auf ein Fuhrwerk, davon geschwollen denen, so es genossen, die Füße, und merkte der Pachtmann, daß auch kein Vogel wollte davon fressen. Sie gaben das übrige einer armen alten Frau, der es nicht geschadet. Endlich wurde es ein Bergmann am Geruch gewahr, daß Kobalt wäre mit unter das Korn kommen.

Anno 1618 hatte Christoff Kuntzmann, ein Gottsgäber Bergmann, auf der halben Meil, einem sogenannten Waldrevier, einen Topf voll Arsenmehl in sein Elmetlein gesetzet: sein Weib kam darüber, vermeinte, es sei rechtes Roggenmehl, kocht den Kindern einen Brei, davon starben beide Kinder, die sie auch auf ihrem Rücken nach Gottesgab [Boži Dar] zu Grabe getragen.

Hans Demuth hatte den Mäusen mit Giftmehl gestellet. Die Tochter kommt in Abwesenheit der Eltern über den Topf, nimmt das Giftmehl und bäcket einen Eierkuchen für die Kinder, darauf sie alle erkranket, sind aber durch gute Arzneimittel gerettet worden.

Eine schreckliche Tat beging anno 1610 Balthasar Baum, Richter in Unterwiesenthal, welcher aus Bosheit sein schwangeres Weib vergiftete, daß sie samt der Frucht gestorben. Danach hat sich dieser verzweifelte Mörder an seinem Ehebette erhängt und ist vom Scharfrichter unter der Haus-schwelle als ein Schind-Aas herausgeschleppet worden.

Anno 1664 im Juni fiel ein so giftiger Mehltau, daß an etlichen Orten, sonderlich in Schlettau und Elterlein, das wilde und zahme Vieh davon um-gefallen.

Anno 1681 reiseten Fremde durchs Gebirge und hatten etliche blühende Kornähren abgerissen und die Blüten aus Lust durch den Mund gezogen, die ihnen anfangs süßlich geschmecket, aber eine Zun-gengeschwulst und bösen Hals verursachet, weil ein giftiger Honigtau daraufgefallen war: wie dann der Ausgang erwiesen, daß gedachtes Jahr unterschiedliche Stücke Korn wegen des gefallenen Giftes taub geblieben.

Anno 1685, den 20. Oktober, hat ein treuloses Weib zu Wolkenstein, Eva, Jerem. Günthers Weib, aus Rachgier Gift gekochet, ihrer eigenen Schwester damit vom Brot zu helfen. Denn da diese in der Kirche zum Abendmahl war, kochet sie eine Giftsuppe. Die Schwester isset mit den Kindern davon, sie werden krank und erbrechen sich gewaltig. Es wurde ruchbar und die Giftköchin eingezogen, auch nach Urteil und Recht ausgepeit-schet und des Landes mit Mann und Kindern ewig verwiesen. Das Überbliebene von der Suppen hat man einer Ziegen und Katzen zu saufen gegeben;

die Katze starb, aber der Ziegen hats nichts geschadet.

Arzneimittel des armen Mannes

Ein jedes Land hat seine Krankheiten und auch dabei von Gott verordnete Hilfsmittel, wenn sie nur fleißiger untersuchet und gebraucht würden. Wir könnten des teuren Tees und anderer kostbaren fremden Gewürze und Arzneimittel wohl entraten, wenn wir unsere gebirgischen aromatischen Kräuter, Wurzeln und Samen, schweißtreibende und blutreinigende Hölzer, Scharbocksbäume, Freselpulver und mineralische Hausmittel von Eisen, Vitriol, Schwefel und dergleichen besser kennenlerneten. Es hat die gütige Natur so viel balsamische immergrünende Gewächse in diesem Gebirge nicht umsonst gepflanzet, als da sind Tannen, Fichten, Kiefern, Wacholder, Brunnenkresse, Hauswurzel, Preiselbeerkraut, an welchem auch im Frühling die jährigen unter dem Schnee auf hohem Gebirge erhaltenen weinsäuerlichen Beeren gefunden werden ...

Andere mögen kostbarer Composita fremder und ausländischer Arzneien belieben, unsere Gebirgler raten und helfen sich oft mit einem simplen und gemeinen Mittel. Die herzliche Liebe zu dem armen notleidenden Nächsten verbindet mich, was mich die Erfahrung im Gebrauch allerhand geringer und gemeiner Mittel gelehret, willig, ohne Maßgebung zu eröffnen. Daß man in Städten viel andere und kostbare Mittel gebraucht, ist mir nicht unbekannt. Ich erzähle nur, was die gemeine Not bei armen Leuten ergreifet.

Das Gemeinste, damit sich der arme Gebirger im Notfall rettet, ist Kardobenedikten, Wacholder- und Holundersaft oder Mus zum Schwitzen und vielmals auch Vogel- und Preiselbeersaft zur Labsal, item ein Branntewein von Angelika, Liebstöckel, Anis, Bärwurzel, Krauseminze, Kümmel usw. Viel brauchen im Frühling zur Blutreinigung den edlen und süßen Birkensaft. Andere bedienen sich im Frühjahr der jungen wohlriechenden Tannen- und Fichtenzäpflein oder des neuen Jahrwuchses zum Bade, besonders in Krankheiten, darunter der leidige Skorbut eingenistet. Etliche haben die Holundersprößlinge im Frühling zur allgemeinen Reinigung gebrauchet und in Form eines mit Baumöl zugerichteten Salats eine starke Wirkung gefunden.

Wieviel Orte, soviel variable Mittel braucht man, den Kreißerinnen zu helfen:

Ein Trank Eisenkrautwasser soll eine Prüfung der Geburtszeit sein.

In schwerer Geburt gibt man das Wasser, darinnen drei frische Eier gesotten.

In Ohnmachten wird ihr ein stinkender Geruch von Federn oder auch nach Beschaffenheit eine Erquickung von gekäutem Kümmel, Zimmet, Nelken, Muskaten vor die Nase gemacht.

Man brauchet, soviel ich beobachten können, wider der Kindlein Verhärtung des Stuhlgangs entweder eines in Muttermilch zerriebenen Zeisigkots oder Mauskots in warmem Bier oder eines aus Seifen geschnittenen und in Baumöl getunkten Stuhlzäpfleins.

Andere braten einen mit Safran oder kandiertem Zucker imprägnierten Apfel.

Wider das Schreien und schlaflose Nächte brauchen etliche ein wenig Mohnsaft, aber oft mit großer Gefahr, wenn sie die Dosis überschreiten und der Sachen zuviel tun.

Die Zahnung zu fördern, streichen sie die Kinnbacken der Kindlein mit Hühnerfett, Hasenschmalz oder Mandelöl an, lassen sie an einem polierten Stahl oder frischen Speckschwärtlein nagen und das Zahnfleisch kühlen und abwetzen.

Blattern und Masern werden mit Rübsamen und roter Rübensuppe samt Feigen und Rosinen ausgetrieben.

Wider den Stein der Kinder geben sie Erdbeer- und Petersilienwasser ein, legen auch bei Verhaltung des Urins ein innerliches Zwiebelhäutchen auf das Geburtsglied ad stimulandum lotium.

Den Husten mildern sie mit Zuckerkand, der im Rettichsaft zerflossen;

das Brechen mit aufgelegtem Magensäcklein von Kümmel und Krauseminz oder de crusta panis.

Ist das Näschen verstopft, wirds mit Majoranwasser geöffnet; das Gorfel mit fließendem Wasser scharf ausgewaschen und dann mit Salbeiwasser und Honig gesalbet.

Würmer werden mit dem Semine Santonici, liquore C. C., vielmals aber mit Rautenwasser und Rheinfarnsamen ausgetrieben.

Arme Leute quetschen auf allem Fall, da die Kinder erkranken, das Kreuzkraut zwischen zwei Steinen und geben dem Kinde den Saft in Muttermilch ein (welcher ohne Zweifel dem acido eine diversion machen kann).

Nun wollen wir fortgehen und auch die simplen und einfältigen Mittel der erwachsenen Armen kürzlich anziehen.

Viel sind, welche ihres Magens Gebrechen mit Einnehmung fünf, sieben bis neun Pfefferkörner in Essig oder warmem Bier, ingleichen der Zehrwurzel oder einer Zehe Ingwers gedenken zu kurieren.

Fürs Bauchwehe und Grimmen Bibernell, Bärwurzel, ingleichen auch Anisbranntewein.

Der Harnwinde und Steinschmerzen remedieren sie mit Wacholderbeern oder -saft und äußerlichem Haferstrohbad, item Hagebutten oder Vogelbeersaft in warmem Bier.

Den Fieberfrost forcieren einige mit Pfeffer in Wein oder Tausendgüldenkraut und Enzian.

Wider die Ruhr trägt man Wegerichsamen ein und dörret schwarze Beeren ab, neben Quittenäpfeln und gebackenen Hutzelbirnlein.

Die Flechten vertreiben sie mit Fensterschwitz oder nüchternem Speichel oder dem aus einer angezündeten Birkenrute austropfenden Öl oder mit der Fettigkeit, so auf einem zinnern Teller von gebranntem Löschpapier bleibt.

Das Ohrensausen haben etliche gewendet mit Einhauchung eines aus der Tabakpfeife gezogenen Majoranrauchs oder mit Ausdämpfung eines warmen, mit Branntewein imprägnierten Brotes.

Die erfrornen Glieder retten sie mit kaltem Sauerkraut; die Vergiftung der Glieder mit Milch- und Erdbestreichung; die Beinschmerzen mit Regenwürmern, Branntewein und Ameisenbad;

Zahnwehe mit Bertram und Essig;

den bösen Hals mit Honig und Milch;

den rauhen Hals mit eigenem Urin oder Kappiskrautsuppe;

die Wunden mit Heilpech, Wundholz, mit eingelegten Spinnenwebe und Safran, eigenem Urin und dann eingestreutem Safran mit Zucker, ingleichen mit Einsteckung des schädlichen Instruments in Speck;

die Schwären ziehen sie auf mit Honig und Wacholderpflästerlein;

die gequetschten Nägel belegen sie mit Wachs.

Ein gemeines Linderungsöl ist aus Johanniskraut, Lilien und Rosen samt Kamillen. Den Rotlauf oder sogenannte Rose vertreibet man mit Überbreitung eines Mehlsäckleins und blauen Zuckerpapiers oder schlägt Feuerfunken darauf, andere binden auch Juchten oder ein Stück rohes Fleisch darüber.

In allerhand Leibesschmerzen legt man Säckchen von Kümmel, Kamillen, Graupen, Salz, Lein und anderen Dingen nach Gestalt der Schwachheit über.

Etliche gebrauchen sich in Heilung der Geschwüre, Fisteln und des Wurms der bloßen Wagenschmier, welche (in Ansehung woraus sie gemacht wird) alles aus dem Grund geheilet, zum Foment aber legt man Pappeln, Kohlblätter und Huflattich über.

Geisteskranke und Verwirrte

Zu Arnsfeld war ein alberer Mensch, der stark von Leibe, aber überaus blöd und kindisch. Sein Pate, ein Schmied im Dorf, spricht einmal aus Kurzweil zu ihm: Ich habe mir einen Amboß in Mildenau (eine halbe Meile davon) bestellet, wie, wenn du hinliefest und holest ihn! Der albere Mensch läuft dahin, fordert den Zwei-Zentner-Amboß ab, fasset ihn auf und bringt ihn, wirft ihn in seines Paten Schmiede nieder und spricht: Do Pot, hoste doos Ding, dästä kaast Naahl machen!

In Annaberg lebete 1662 noch ein vertriebener Schulmeister, P. Zeuner, welcher oftmals in delirio wunderliche Händel vorgenommen. Sonderlich lief er in die Hauptkirche mit einem langen Mantel, stieg auf den Predigtstuhl, daß ihn der Kirchner zur Zeit, da der ordentliche Prediger auftreten sollte, mußte mit Zupfen und guten Worten herunterbringen. Er kam einstmals mit einer in die Höhe gekehrten Heugabel in gedachte Kirche, mit nicht geringem Erschrecknis der Umhersitzenden. Hat auch in solchem Delirium einen Sohn, Ulrich, gezeuget, welcher sein Lebtag ein alber, elender Mensch geblieben, sich vor allen Kindern, die ihm nur ein Messer gewiesen oder mit Nadeln gedrohet, gefürchtet und gelaufen. Einstmals soll er der Mutter rein Wasser holen, da schöpft er unten die Wasserkanne über die Hälfte ein, oben aber lässet er aus der Ständerschnauzen einlaufen, kommt und spricht: Mutter, trink oben, da hab ichs lassen einlaufen.

Anno 1690 starb im Delirium ein gebirgischer Pfarrer in einem Amtsstädtlein im 34. Jahr seines Alters. Welcher sonst das Seine studieret, aber, wie man vermutet, aus Mißbrauch starker Arzneien, seinen Geist in Unordnung und Verwirrung gebracht hat. Er hatte schon lange Jahre die hypochondrischen Beschwerden am Hals, welchem hartnäckigen Übel abzuhelfen, brauchte er häufig starke geistige Kraftwasser von Ambra und andern hitzigen Analepticis, die er aufs Haupt goß. Ingleichen schmierte er sich mit einem starken Balsam an die Schläfe, auf die Zunge und verschluckte auch bisweilen ganze Teilchen hinunter. Darauf erfolgte erstlich eine ungemein hohe Einbildung, als wäre er der Abt des in seinem Pfarrort liegenden, vormals berufenen, aber nun zerstöreten Klosters [Grünhain]. Er schrieb Briefe an römischen Kaiser, Kurfürsten, Papst und Bischöfe, er predigte bisweilen ex tempore, machte stehenden Fußes Gedichte, die sich wohl hören ließen, aß dabei ziemlich stark, mußte Tag und Nacht bewachet und im Museo verwahret werden, weil er etliche Mal nackend und bloß davongesprungen, auch sich an seinem Eheweibe im wütenden Grimm vergreifen wollen. Endlich wurde er gar an starken Riemen rücklings angeleget und befestiget. Keine Medikamente wollten anschlagen. Ein gewisser Medikus wollte dem Deliranten helfen, brauchte gewaltsame Zucht und Mittel, aber dieser armselige Mann konnte es in die Länge nicht ausstehen und wurde unversehens tot gefunden.

Anno 1693 starb in Wiesenthal den 27. April ein gewesener künstlicher Instrumentmacher, der kunstmäßige große Klavizimbel und Flügel zu 80 bis 100 Reichstaler mit sechs und acht Registern oder Zügen verfertiget. Allein, er hat sich die kunstgierigen Spekulationen so tief einnehmen lassen (indem er immer weiter nachsann, seine Arbeit zu vervollkommnen, sonderlich Lauten und Harfenzüge auf Instrumenten zu präsentieren), daß er endlich in eine tiefe Verwirrung geriet und des Nachts etliche Mal schlaflos im Hause herumging, als wollte er einige vergrabene Dinge suchen. Die Verwirrung wuchs mit der Zeit, und er mußte von zwei starken Männern mit gewaffneter Faust im Haus angehalten werden. Seiner wunderlichen, stets anhaltenden verirreten und abenteuerlichen Reden war kein Trum noch Ende. Er gab vor, er wäre Gott der Vater, wollte die ganze Welt reformieren und hätte sie viel anders bauen wollen. Bald war er seinen irrigen Gedanken nach der König von Frankreich, bald Prinz Louis von Baden, gab Befehle aus, machte die Umstehenden zu Generalen, Offizieren, Feldpredigern usf. War er dann allein, so kehrte er mit einem Flederwisch alle Simse in der Stuben ab, steckte Schuhe und Kleider in den Ofentopf, bald sang er, bald sprang er, als wäre er von einer Tarantel gestochen, bald solmisierte er das ganze Klavier durch C, D, F, G usw. Er mußte endlich mit Ruten und flachen Degen bezwungen und an eine Kette im Kabinett angelegt werden. Da sah man nun neue Einfälle, wie er die Kette nach allen Gliedern als einen Maßstab austeilete, auch, da er bisweilen zu sich kam, auf einem begehrten Klavichord oder andern Instrument mitten in seiner Verwirrung gut und ohne Fehlgriffe spielte, sonderlich vielfältig sang: Auf meinen lieben Gott trau ich in Angst und Not. Der Appetit war bei ihm ungemein groß, und er konnte überaus viel vertragen, aber ohne sein Gedeihen und Verdauung. Und ob er wohl viel Arzneien gebrauchet, viel Bluts weggelassen, und zwar etliche Mal zwei bis vier Adern gesprengt worden, sein erhitztes Geblüt zu beruhigen und zu kühlen, auch er hernach auf einiger Gutachten einem Mann in Böhmen zur vermeinten Kur wurde übergeben, war dennoch keine Besserung, sondern er kam krank wieder. Die Schenkel verkrummeten und fauleten, er ging als ein Scheusal herum und konnte nichts arbeiten, geriet endlich gar ins Hospital, erlangte vor seinem Ende noch einen lichten Augenblick, betete für sich, Weib und Kind und starb nach einem frischen Trunk Wasser mit Vernunft.

Unglaubliche Zufälle an Leichen

Die Alten haben große Kosten gemacht, durch Balsamierung Mumien zu bereiten und der Verwesung zu widerstehen: Gottes Wunderhand hat unvergleichlich mehr in folgender Begebenheit getan, davon ein altes Bergbuch zu Ehrenfriedersdorf, anno 1543 angefangen, also meldet:

Kund und wissend sei, daß hernach verzeichnete Alten mit Namen Thomas Kandler, Andreas Reiter der Ältere zu Ehrenfriedersdorf und Simon Löser zu Drebach vor mir, Valtin Feigen, Bergmeister, und Thomas Langern, Geschwornen im Bergamt, ausgesagt, daß ihnen wohl wissend und in gutem Gedächtnis sei, daß einer mit Namen Oswald Barthel, ein Bergmann, welcher allhier zu Ehrenfriedersdorf unten im Flecken in einem kleinen Häuslein gewohnet, da dieser Zeit Hans Rößler innen ist, im Jahr 1508 am Tag Catharinä im Sauberge verfallen, also daß ihm kein Mensch zur Rettung kommen können. Derselbe Oswald Barthel ist heute, montags, den 20. September, im 1568. Jahr in Brünlers Fundgrube im Sauberge, da man dieselbe abgewültiget, ungefähr in der siebenten Lachter unter dem tiefen Saubergstolln wiedergefunden worden. Ist also 60 Jahr, neun Wochen, drei Tage im Sauberge unter Berg und Wasser gelegen. Darauf ist er den 26. September christlicherweise auf der Gewerken des Sauberger Stollns Unkosten zur Erden bestätiget worden mit einer schönen Leichpredigt, die der achtbare, ehrwürdige und wohlgelahrte Herr Magister Georg Raute, derzeit unser Pfarrer allhier, getan, und im Anfang der Predigt den Umständen auch dies zu Gemüte geführet, daß groß zu verwundern, daß er einem eine Leichpredigt tun sollte, welcher 35 Jahre eher, als er, der Pfarrer, geboren, gestorben wäre. Es ist aber gemeldeter Oswald Barthel sel. erstlich, da in Gewältigen geräumet worden, ganz gefunden, also daß nichts an ihm gemangelt, sondern der Leib, Kopf, Arme und Beine beisammen gewesen, hat eine Berghaube, wie die Alten gepflogen, auf dem Haupt gehabt und schwarz Haar halber Ellen lang, einen weißen Zippelpelz am Leibe, ein Paar Grubenhosen, Schuhe an Füßen, eine Unschlitttasche, einen Grubenzscherper mit Blei begossen umgürtet. Es sind auch Schuh, Hosen und Pelz ganz gewesen. Und ob man wohl dem Ansehen nach vermeinet, ihn ganz aus dem Sauberge zu bringen, da er aber angegriffen worden, ist er mitten entzwei gebrochen und also in zwei Stücken herausgebracht worden. Des zum Zeugnis, daß es also eigentlich und gewiß geschehen, ist es zur Beglaubigung alsobald ins Bergbuch einverleibet und männiglich, der es begehret, zur Nachricht eingeschrieben worden, den 28. September im 68. Jahr.

Anno 1618 lag Hans Gilberts Weib in Ehrenfriedersdorf im Kindelbette, daneben auch ihre Tochter Magdalena mit 20 Jahren alt sehr krank darnieder. Und nachdem sie lange gesochert, starb sie (wie alle Umstehenden vermeinet) und blieb die nächstfolgende Nacht in der Stuben zugedeckt liegen. Der Vater bestellete Sarg, Begräbnis und alles und wachet des Nachts bei der Leiche, damit sich die Sechswöchnerin nicht sollte fürchten. In der Nacht wirft sie die Hände empor und zieht die Decke weg. Die Eltern erschrecken, greifen zu und fühlen, daß sie ein wenig Odem holet, dekken sie darauf noch wärmer zu. Da fängt sie an zu reden und sagt: Ach, wie bange macht ihr mir; stehet wieder auf und lebet noch zwei Jahr.

In Wiesenthal lag eine Mutter, Sebastians Tochter, am Tode, und weil aller Odem und Fühlen weg war, lief die Tochter nach der Leichenwäscherin, diese aber scheuete sich zu kommen. Eine Nachbarin erbarmet sich, kommet und greift den Leichnam an, will ihn entkleiden und waschen. Die Totscheinende ermuntert sich, schlägt die Augen auf, ergreift die Abwäscherin an beiden Achseln, hält sie hart, daß sie aus Erschrecknis laut schreiet. Die Leute liefen zu und befanden, daß die Frau wahrhaftig lebet. Aber die Krankheit nahm aufs neue überhand, und der Tod folgete des andern Tages.

Anno 1649 starb zu Grumbach ein 80jähriger Holzhacker, dessen Leichnam bei damaliger großer Kälte ganz gefroren in die Erde kam. Ein Mägdlein, so mit der fallenden Sucht beladen, hatte gehört, wenn sie ein Stück Salz und Brot halb esse und die andere Hälfte einer Leichen unter den Arm legte und mit ins Grab gäbe, so würde sie von der schweren Not befreiet werden. Sie folget, tuts, und also kommt ihr halbgenossenes Brot mit in die Erde. Es starben nach dieser Beerdigung etliche Blatter-Kinder und eine Sechswöchnerin, daher ein Rumor unter den Leuten entstand, der Totengräber hätte verbotene Mittel gebraucht. Sie verfolgten den Totengräber mit Steinen und begehrten, die Leiche wieder auszugraben. Ungeachtet nun geistliche und weltliche Obrigkeit die Eröffnung des Grabes nicht wollten geschehen lassen, auch der Totengräber unschuldigerweise in Verdacht und Gefahr gezogen wurde, mußte dennoch der Richter, mehr Gefahr zu verhüten, einwilligen. Da fand man den Verstorbenen ganz schwitzend, die Gliedmaßen waren alle gefüg, die Tropfen Wasser standen an der Brust und Stirne, das Stücklein Brot wurde unter dem Arm wieder hervorgenommen und darauf das Grab gefüllet. Das vorgedachte Kind aber ist hernachmals, da es seiner Mutter auf den Wald nachgelaufen und sich verirret, im Stockwald tot gefunden worden.

Magister Michael Oehmen, gewesenem Pfarrer in Buchholz, ist folgendes an seinem Sohn Joh. August, als dieser vier Jahr alt gewesen, begegnet. Das böse Wesen [Fresel] hatte ihn innerhalb 36 Wochen krumm und lahm gerissen, gab ihm endlich drei Stöße ans Herz, daß er außen blieb, sich streckte und als ein Toter aufs Bett geleget wurde, da er dann in der größten Kälte zwei Tage und eine Nacht in einer Kammer neben der Studierstube gelegen und alle Anstalten zum Begräbnis gemacht worden. Die Magd wurde ungefähr nach Papier und Tinte in das Oberstüblein geschicket, da sie im Vorbeigehen mit nach dem Kinde siehet, merket sie, daß das eine Auge offen und der Wirtel, damit es beschweret gewesen, abgefallen, sonst aber war kein Leben zu spüren, auch im Auge nichts als Weißes zu sehen. Der Barbier, welcher vier Wochen lang bis zu des Kindes vermeintem Tod war gebraucht worden, kam dazu, erweichte das Augenlid mit warmem Wasser, daß es wieder zuging, und legte ein Gewicht darauf. Und da die Magd über eine Weile wiederum das andere Auge offen findet, wurden die Augen noch mehr beschweret. Endlich fand man des Abends die Händlein von den Banden aufgelöst, doch war alles erstarret und gefroren. Die Magd bat den Barbier oft und viel, er sollte das Kind ins warme Wasser legen; da dies geschah, regete sich die Zunge, die Augen taten sich auf, und das Kind wurde wieder lebendig und trank acht Zautzen Bier auf einen Tag aus, darauf es noch etliche Jahr gekranket und mit Stärkungen, nächst Gott, erhalten worden, bis sich die zerrissenen Glieder ganz wieder zurechtgegeben, und darauf ist das Kind zum Studieren gehalten worden.

Diese entsetzliche Seuche führet unzählig viel ungewöhnliche Zufälle und Beschwerungen mit sich, nachdem das Gift und Patient beschaffen. Sie fället an mit ungewöhnlichem Frost, auch Schrecken und Schwindel, innerlicher Hitze und Unruhe, Mattigkeit in allen Gliedern, Hauptschmerzen, Rücken- und Seitenstechen, schwerem Odem, hitzigen Augen, Vertrocknung des Mundes, brennendem Durst, Blutstürzen, Achsel-, Ohren- und Seitenschmerzen. Sonderlich ist dabei große Herzensangst, Traurigkeit, Ohnmacht, tiefer Schlaf oder stetes Wachen und Rasen. Der Magen empfindet vom giftigen Ferment lauter Unlust, Aufstoßen, Erbrechen, Durchlauf, daher erfolgen oft gefährliche Spasmi, Konvulsionen, Schwindel, Fresel, Zittern und Schlagflüsse. Es schießen Karfunkel und Branddrüsen auf in den Weichen, unter den Achseln, hinter den Ohren. Die mühselige Natur ängstet sich, daß allerhand rote, gelbe, grüne, blaue, dunkelbraune Giftflecken ausschlagen. Das Angesicht wird ungestalt, gilbicht und grünlicht, die Lippen werden blau, die Augen erstaunen vor Feuerhitze, der Urin wird gällicht oder schwärzlicht, der Puls schlägt hitzig, zitternd, unordentlich, die Glieder erkalten oft, es bricht die Herzensangst mit großem Schweiß aus, und zeigen die Schmerzen, Stiche, Flecken, Schlaf, Wüten, Toben,

Drüsen und Schwären, Urin und Exkremente genug an, welche innerlichen Hauptgliedmaßen am meisten leiden müssen. Ist also kein Wunder, daß die Pest, nachdem sie mit einem und anderm Zufall auf das schrecklichste grassieret, so vielerlei Namen führet.

Wunderliche und vielfältige Fortpflanzung der Pest

Anno 1633 starbs im Obererzgebirge um Schwarzenberg, Rittersgrün und auf dem Wald und mußten viel, so sich auf die Wälder gerettet, daselbst elendiglich umkommen und unbegraben liegenbleiben. Das nächstfolgende Jahr hüteten zwei Knaben aus Rittersgrün, Abraham Wolff und Daniel Weidner, ihrer Eltern Vieh um die Pesthütten. Weidner stürmete eine Hütte aus Mutwillen und forderte die Toten heraus, und ob ihm gleich der andere wehrete, spießte er doch einen Totenkopf an die Stange und trug ihn wie ein Leichenkreuz vor sich her, aber sich wahrhaftig zum Grabe, denn am dritten Tage war er tot.

Anno 1633 wollte General Holk der Pest entfliehen und marschierte ins Vogtland hinaus, aber er mußte dennoch zu Adorf an der Pestilenz sterben. Er schickte vor seinem Ende an viel Orte, bot auch viel Geld, nur einen evangelischen Prediger zu hören, aber weil er so tyrannisch mit ihnen umgegangen, konnte es ihm so gut nicht werden.

Anno 1639 kam Paul Schindler von Prag heim und steckte Scheibenberg mit der Pest an, daran er selbst und sonst 80 aus der Gemeinde hingeraffet wurden. Weil aber die Pest darauf an fünf Winkeln des Städtleins einriß, zog der Rat den Totengräber in Verdacht, als hätte er eine Leiche nicht recht gelegt und damit seine Zauberei getrieben. Da nötigten sie den Totengräber, daß er das Grab wieder eröffnen und die Leiche am 26. September, nachdem sie schon drei Wochen in der Erde gelegen, wieder vorzeigen mußte. Michael Beuter, ein Kämmerer, stand nebenst andern bei der Besichtigung des Grabes. Die Leiche wurde richtig befunden, aber es fuhr ein so giftiger Dampf und Stank heraus, daß sie meistenteils erkrankten. Der Kämmerer bekam 23 böse Dinge am Hals, daß er und seine Tochter daran starben. Sein Haus blieb wüste stehen und fiel endlich gar ein.

Anno 1680 starben in Joachimsthal [Jáchimov] 13 Personen an der Pest. Ein Ratsverwandter kaufte einen sammeten Mantel samt Geschmeide von einem fremden Kerl. Da er den Mantel umnahm, flog ihm eine süße Pestluft in die Nase, steckte ihn an, daß er in drei Tagen starb.

Im gedachten Jahr [1680] kam ein Mann von Marienberg mit einem Schiebebock, darauf er ein krank Kind geladen und nach Wiesenthal brachte. Er begehrte vom damaligen Apotheker G. S. einiges Pestmittel für sich und seine mit sich habenden zwei Kinder. Der Apotheker heißt ihn ein wenig warten und läßt den armen Kindern aus Erbarmung etwas Essen reichen. Des Apothekers Kinder kommen über die Schüsselchen, daraus sie gegessen, scheuen sich und sagen: Ei, wie riechts so übel. Darauf wurden seine zwei größten Söhne krank und starben innerhalb von Tag und Nacht.

Ferner wird die Seuche mit Diebesstücken fortgeschleppet. Anno 1680 hatte eine Cunersdörferin zu Geyer (da die Seuche sehr rumorte) Kleider gestohlen, trug sie heim und steckte damit das Dorf an.

Zu dieser Zeit wurde in Annaberg eines Kornhändlers infiziertes Haus beraubet, das Korn gestohlen und damit das Gift in die Häuser fortgetragen.

Eines Bergmanns zu Marienberg Frau hatte einen Bruder in Dresden, welcher daselbst an der Seuche gestorben. Dessen Verlassenschaft holt sie heimlich ab, bringt sie des Nachts über die Stadtmauer zu Marienberg hinein. Da hat sich die Pest angesponnen und ist immer weiter fortgeschlichen. Der Bergmann mußte hernach zur Strafe alle und jede an der Pest Gestorbene anziehen, beschicken und in den Sarg legen, ist auch danach gestorben.

In Annaberg spann sich die Seuche an, indem eins und das andere aus des Totengräbers infiziertem

Häuslein wurde in die Stadt zu einem Geräteträger geschleppt, dessen drei Töchter nacheinander dahingestorben. Also ist die Seuche durch Kleider, Betten und andere Mobilien anno 1680 nach Duderstadt, Halberstadt, Leußnau bei Colditz, Eisleben und andere Orte getragen worden.

Von Jammer und Herzeleid bei grassierender Pest

Anno 1545 hatte ein verteufelter Totengräber zu Hof im Vogtlande viel Mord an den Pestpatienten begangen, sie mit dem Kissen erstickt, die Kehle abgedrücket, die Köpfe an die Wand geschlagen, Geld und Gut geraubet, auch mit kranken und toten Weibspersonen entsetzliche Schande getrieben und endlich sein eigen Weib mit Füßen ertreten. Darum er auch gebührend gestraft und hingerichtet worden.

In großen Städten erfolgte aus Unwissenheit, Untreue und Betrug der Pestaufschauer große Unordnung und Elend. Denn sie in ihren Leichenzetteln viel Hundert falsch angegeben, als wären sie an Schlag, Fresel, Stickfluß, Durchlauf oder sonst einen andern natürlichen Tod gestorben, dannenhero dann bei ihren solennen Begräbnissen und ungeschlossenen Häusern die Seuche immer weiter ausgebreitet wurde. Viel große Pestgruben blieben offenstehen und tote faulende Körper in Lazaretten und Spitälern liegen; und weil man an manchem Orte nicht alsobald anfangs der einreißenden Ansteckung mit allem Ernst zuvorkommen, auch wenig Anstalt gemacht, starben dann Inspektoren, Ärzte, Pestpriester, Balbierer und Totengräber desto schneller dahin, ehe man das Pestgift genugsam erforschen und steuren können.

Um Lengefeld, Förstel und Langenberg lief das Vieh ohne Wartung herum. Den Kühen sprangen die Euter auf und mußten also verrecken;

in Marienberg starben beide Geistliche, welche das Gift bei der Kommunizierung der Kranken gefangen;

die meisten Bürger aus Städten und Flecken liefen betteln, das arme Volk lag um Marienberg und Lengefeld in Hütten auf den Feldern;

der Graf Thun von Klösterlein [Klášterec nad Ohři] ließ alle Pässe gegen seine Herrschaften verhauen und sperrte 20 seiner Untertanen ein, die zu Annaberg gewest waren;

die Schulen wurden zerstreuet und teils geschlossen;

viel haben sich in Betrachtung der unvermeidlichen Sterbensnot selbst zum Tode und Grab geschicket.

Zu Lengefeld war zur Zeit der grassierenden Seuche großes Elend, Hunger und Not bei den Armen in versperrten Häusern. In einem Hause war alles ausgestorben bis auf etliche in der Stuben versperrte Kinder, welche vor Jammer und Hunger erbärmlich geheulet und in die Fenster eingebissen.

Der Pfarrer zu Lungwitz hatte drei Söhne auf der Annabergischen Schulen. Bei einreißender Ansteckung retten sie sich nach Hause, kommen aber unterwegens Geyer, einem sehr infizierten Bergstädtlein, zu nahe, bringen die Seuche mit nach Hause und stecken die Pfarr an, daß der Vater mit Verlust der Seinigen ausweichen müssen.

Eine Jungfer war mit einer Perlenschnur, daran ein Kruzifix hing à drei Taler, begraben worden. Diese hat man ausgegraben und beraubet. Allein, da diese räuberische Totengräberin den stinkenden Körper herauszieht und sich damit bemühet, fällt sie vom Gestank bei dem Grab um und stirbt auch.

Und wer wollte alle Angst und Not, Furcht und Grausen, insonderheit der bösen Männer und Totengräber unverschämte und räuberische Bubenstücke alle beschreiben? In Pestzeiten hat bei vielen alle Liebe, Barmherzigkeit und Ehrbarkeit, ja Todes- und Grabesfurcht ein Ende.

Anno 1626 starben in Wildenau bei Schwarzenberg ganze Häuser aus, und blieben oft die Kinder übrig, die verderben mußten. In einem Hause waren acht Personen weggestorben. Ein verlassenes Töchterlein stieg auf die Bank ans Fenster und rief drei Tage und Nächte: Ach, Vater, ach, Mutter! Und wenns Leute gesehen oder gehöret: Ach, Väterlein, kommt herein und helft mir! Endlich wurde es auf Zureden Magister Mythis, Pfarrer zu Beierfeld, durch einen Totengräber krank herausgenommen, gepfleget, aber es ist hernach auch gestorben. Der Totengräber fand ein Kind tot unter dem Tisch im Winkel sitzend, das andere tot unter der Bank liegend neben einer auch toten Katzen.

Ein ander Knäblein von fünf Jahren lief im Hemdlein durchs Dorf herum und fragte: Wo ist mein Vater? Habt ihr nicht meinen Vater gesehen? Ach, Vater, Vater, wo seid ihr hinkommen? Niemand wollte das arme Kind kennen noch annehmen, und nachdem es sich den ganzen Tag also müde gelaufen und geklagt, gings nach Sachsenfeld zu, legte sich an ein Hüglein und starb.

In Leipzig waren schon anno 1680 im Dezember vier Pestkranke gestorben, und einer lag an Ketten. Handel und Wandel war allenthalben gehemmet, die Pässe gesperret und bewachet, weswegen viele Reisende und herumstreichende Bettler auf der Straße krepiert. Wer keinen Paß konnte aufweisen oder sich losschwören, wurde ohne Barmherzigkeit zurückgewiesen und an manchem Orte mit Galgen und Rad bedrohet. ... Ein Spitzenhändler kam aus einem infizierten Ort nach Annaberg. Er wurde mit dem Steckenknecht wieder hinausgeführt, und sein Junge mußte bei Thum im Walde bleiben.

Anno 1682 fuhren zwei Fuhrleute aus diesem Gebirge nach Prag, und dieweil sie einen Kranken auf dem Wagen hatten, mußten sie im harten Frost mitten im Schnee auf dem Felde bleiben, indem sie kein Mensch herbergen wollte. Paul Illigs Sohn, ein Fuhrknecht, erfror so tödlich, daß, da man ihm die Stiefel auszog, zugleich Haut und Fleisch mit abging, darauf mußte er ohne alle Gnad und Mittel dort im Schnee sterben. Der andere Knecht von Arnsfeld verwahrlosete seinen Frostschaden, daß ihm hernach beide Schenkel miteinander mußten abgelöset werden. Hierauf mußte er sich ein Pferd kaufen und bettelnd herumreiten.

Mancher Prediger hat wegen eilender Erforderung zu Pestpatienten viel ausgestanden und vielmal, da er kaum von einem wiederkommen und wegen eingenommenem Vorbeugungsmittel im Schweiß gelegen, plötzlich auf und wieder fortgemußt. Die gemeinen Pestmedikamente wurden rar und sehr teuer. Manch kostbares Kleid, welches ein infizierter Schneider gemacht, wurde aus Furcht verbrannt. Es steckte auch die Milch vom kranken Vieh an, die Leute kriegten davon Blasen und Beulen, welches etliche den fliegenden Krebs nannten.

Dergleichen durch Eingeben und Beihilfe des leidigen Teufels gekünstelte Zauberpest ist verursachet worden entweder

1. durch ein Giftpulver aus verfaulten Pestleichen und Kröten, Schlangen und Molchen,
2. mit einer Giftsalbe, die man allenthalben in Kirchen und Häusern anschmiert,
3. mit Gifttränken, die unter dem Vorwand der Arznei beigebracht,
4. durch Vergiftung der Brunnen,
5. durch Vermittelung eines Totenkopfs,
6. durch vergiftete Nadeln.

Anno 1614 hatte zu Wolkenstein ein Totengräber einer Pestleichen den Kopf im Grab abgestoßen, diesen in seiner Stube an einer Schnur in Teufels Namen aufgehänget, darein er Hefen, Bier und Blut von Verstorbenen, item Milch aus der Pestleichen Brüsten, vermischt gegossen und danach warm eingeheizet: so viel Tropfen nun aus dem schwitzenden Hirnschädel gefallen, so viel Pestleichen hat er selben Tages gehabt. Dieser Pestzauberer hatte auch zweierlei Pulver, ein gutes wider die Pest und ein ansteckendes, so er aus einer Pestdrüsen gemacht. Um solcher schrecklichen Übeltaten willen ist er verbrannt worden.

Anno 1623 regierte die Pest zu Gottesgab [Boží Dar], davon es halb ausstarb. Der Totengräber

kam in Verdacht, er hätte diese Seuche mit bösen Mitteln verursachet. Hans Leonhard, ein verwegener Mühlknecht, war neulich aus dem Kriege kommen, der wagte sich hinein in des Totengräbers Häuslein und findet einen Totenkopf über dem Ofen hängen, darüber er sich erbost und hauet den Totengräber samt dem Weibe krumm und lahm, holt Feuer und brennt das Spital gar weg, daraus zwar die tödlich Gehauenen gekrochen, aber dennoch an ihren Wunden gestorben.

Anno 1633 hatte eine Pittelin samt ihrer Tochter zu Abertham [Abertamy] die Pest durch Zaubermittel helfen vermehren, und wie sie in der Marter bekannt, eine Bürste nebenst einer Leiche ins Grab geworfen, welche dann auf ihren Rat mußte wieder herausgenommen werden, wo nicht, müßte ganz Abertham aussterben, da schon 263 Personen gestorben waren. Es hat sich mit der Bürste auch also befunden, und wurde diese Pestzauberin am 18. November in Joachimsthal [Jáchimov] an einem Pfahl mit dem Strang erwürget, die Tochter von 13 Jahren enthauptet, beide Körper verbrannt und der Sohn des Landes verwiesen.

Anno 1680 wurde zu Geyer der Totengräber der gleichen Zauberei halben auf dem Gottesacker gefangen und gefänglich eingezogen, denn man hatte ihn auf den Markt gehen und aus einer Schachtel etwas ausstreuen gesehen. Da hernachmals allerhand Indizien gesucht wurden, ihn seiner Bosheit zu überweisen, befand man unter andern, daß er sein eigen Weib wieder ausgegraben, ihr Augen, Nasen und Zunge ausgeschnitten und sie zu Pulver gebrannt hatte, welches er also auf die Gassen gestreuet. Er wurde deswegen endlich zur Staupe gehauen und ewig des Landes verwiesen.

Für tot gehaltene Pestkranke

Im großen Sterben hat sichs zu Joachimsthal [Jáchimov] begeben, daß eine alte Magd oben am Gehänge in einem Berghäuslein gestorben. Der Totengräber setzte ihr eine Haube auf, legte sie auf seinen Karrn, band hinten die im Stall gefundenen zwei Ziegen samt dem Butterkübel, so er im Pesthäuslein erbeutet, an. Da er nun mit dem Karrn und abenteuerlichen Kram die Berghalde herunterrumpelt, ermuntert sich die vermeinte Tote, reißet die Haube vom Haupt, rafft sich auf, springt vom Karrn, steinigt den Totengräber davon, nimmt darauf ihr Ziegenvieh und Butter zurücke und hat noch viel Jahr im Zechenhäuslein gelebet.

Zu Joachimsthal lag Salome, Caspar Arnolds Weib, zur Pestzeit etliche Tage in tödlicher Ohnmacht, welche man damals das Hinbrüten nannte. Die Hausleute hielten sie für wahrhaftig tot, gingen daher hinaus in den Garten, Blumen und Kranzwerk zu holen, sie zu beschicken. Wie sie

109

wieder in die Stube kommen, stehet die Frau nakkend am Fenster und redet hinaus auf die Nachbarn. Die Hausleute erschrecken entsetzlich, werden krank, sterben alle und werden mit ebendenselben Blumen von der wieder Lebenden beschikket und zu Grabe geschaffet.

Anno 1633 steckte Maria, Caspar Schlesingers Weib, welche die Crottendörferischen Pesthütten auf dem Feld besuchet hatte, Scheibenberg mit der Pest an, daß sie selbst mit fünf von den Ihrigen und noch 46 andern aus dem Städtlein starb. Etliche infizierte Weiber wichen hinaus ins Dörrhaus, darunter war Margaretha Beyerin, die wurde am 22. November krank und lag am Tode, der Odem verlor sich mit der Wärme und andern Lebenszeichen. Man drückte ihr die Augen zu, zog sie an und legte sie gerade. Die andern Weiber verschlossen das Haus und wichen ins Spital herüber. Des Nachts erholt sie sich und rufet. Die Weiber im Spital fürchten sich und wollten ihr nicht zusprechen. Frühe sehen sie nach der vermeinten Leichen, finden aber das Weib lebendig, die forderte ein wenig Suppe und daß man in der Kirche für sie sollte bitten. Aber sie mußte des folgenden Tages dennoch sterben und wurde am 25. November begraben.

Anno 1680, den 14. August, hatte man im Städtlein Lengefeld zwei Pestpatienten für tot in die Särge gelegt, die sich aber wieder erholet, den

Deckel abgestoßen und wieder herausgenommen wurden.

Anno 1681 starb in der Scheibe Rosina, Hans Üsers, eines Mäuerers Weib, welche in ihrer zarten Kindheit bei Sterbensläuften für tot gehalten und in den Sarg gelegt worden: sie ist aber wieder lebendig geworden und hat hernach lange gelebet.

Von der Pest verschonte Menschen

Anno 1521 rumorte die Pest in Schneeberg also, daß etliche 100 daran aufgerieben wurden. Einige gute Schmausbrüder hielten sich damals zusammen, waren lustig und guter Dinge in Hans Lemmers Hause und triebens also ohne Furcht der Seuche Tag und Nacht: und diese alle sind von der Pest unangetastet blieben.

Man hatte zwischen der Kirche und alten Schule eine große Totengrube gemacht, darein die Verstorbenen schichtenweise gelegt wurden. Thomas Popel, damaliger Schulmeister, will abends trunkenerweise vorübergehen, fällt aber hinein, daß er mit großer Not kaum wieder herauskommen. Gleichwohl hats ihm nichts geschadet, sondern er ist gesund und lebendig geblieben.

Anno 1626 grassierte die Seuche in Scheibenberg. Magister Thalmann, damaliger Pfarrer, kam von einer Beerdigung von fünf Pestleichen nach Hause. Seine Magd scheuete sich vorm Priesterrock, wurde krank und darum aus dem Hause in das Badestübchen geschaffet. Der Nachbar Prager wollt es nicht leiden und triebs so lang, bis die Magd aus dem Städtlein in eine Feldhütte gebracht wurde. Was geschah? Die kranke Magd genas, jener Neidhart aber mußte nach 13 Jahren gleichwohl an der Pest sterben, nämlich anno 1639.

Merk- und preiswürdig sind sonderlich Gottes heilige Wege, Fürsorge, Güte und Erhaltung in Pestzeiten. In Sterbensläuften anno 1639 mitten im Deutschen Dreißigjährigen Kriege hatte meine Magd, Catharina Freytagin, fünf Pestdrüsen am Halse und eine unter dem Arm. Sie trug mein Töchterlein von anderthalb Jahren nach Elterlein, eine halbe Meile, und schadete dem Kinde nichts. Die Kinderfrau mußte auch mit der Magd umgehen, aber ohne ihren Schaden.

Meine Nachbarin, die vier Töchter an der Pest liegen hatte, bat meine Eheliebste, so in sechs Wochen lag, um einen Trunk Bier, diese holets ohne ihren Schaden.

Ich habe viel Leute in Pesthäusern besucht und kommuniziert, es hat mir gottlob nichts geschadet.

Anno 1639 hinterließen die Soldaten eine schädliche Krankheit in Scheibenberg, davon die Nachbarn um die Pfarr wegstarben, darunter auch ein alter Schuster, Georg Nobis, mit seinem Weibe. Ihr kleines Töchterlein von zwei Jahren lief um die toten Eltern in der Stuben und schrie, was es konnte, wie ein armes Vögelein nach Gottes Hilf und Rettung, bis es der Rat ließ herausnehmen und durch seiner Mutter Schwester erziehen, dazu sie zehn Gulden schenkten: und ist dieses Kind groß und alt worden.

Anno 1669 starb in Scheibenberg Sabina, Hans Beuters, eines Fuhrmanns, Tochter, in Auerbachs Hause, welche anno 1592 geboren und anno 1599, da sie sieben Jahr alt worden, im großen Sterben sich auf den Totenkarrn gesetzt und bei Ausschaffung der Pestleichen mit hinaus und wieder hereingefahren und dennoch gesund geblieben. Allein, sie hat ein mühseliges Leben geführet. Ihr Vater zerhob sich an einem Brettklotz, die Mutter starb an der Geschwulst, sie mußte acht kleinere Geschwister erziehen, um Lohn schwere Lasten aus Böhmen tragen, heiratete einen schadhaften Schuster, den sie immer krank bis ins 14. Jahr gehabt. Sie war 30 Jahr eine Witwe, zwei Töchter entliefen ihr in Böhmen, und mußte sie sich elende bis in den Tod behelfen, starb alt 77 Jahr und Jammers satt.

Ein Priester zu St. Annaberg mußte anno 1680 im harten Winter zur Nacht eine Nottaufe aus einem Pesthause unter freiem Himmel, mitten im tiefen Schnee, verrichten, da alle Gevattern aus

Pesthäusern waren, teils die Pest noch am Halse, teils überstanden hatten. Gottlob, es schadete dem Priester nichts.

Anno 1680 starb zu Annaberg ein Haus aus, aber das kleine Kind blieb mit seiner Wärterin beim Leben.

Ein Mägdlein daselbst ist 14 Tage bei sieben Verstorbenen in der Stube geblieben und hat sich an einem Rindlein Brot erhalten und ist hernach erwachsen.

Zu Lengefeld waren 1681 schon 488 Personen an der Seuche gestorben. Herr Major, damaliger alter Pfarrer, mußte ein Kind in einem infizierten Hause taufen, setzte sich nieder und trank einen Trunk Branntewein. Des andern Tages waren alle acht in gedachtem Hause samt dem einen Gevatter tot, dem Pfarrer aber fehlte nichts.

Anno 1681 gebar eine Frau zu Lengefeld in einem infizierten Hause und gab das bluttriefende Kind dem Pfarrer zum Fenster heraus, er sollte es taufen. Dieser rief den nächsten Nachbarn, er sollte als Taufzeuge in dieser Not erscheinen. Er wollte erstlich nicht, aus Vorwand, er hätte eine Pestbeule am Schenkel. Der Pfarrer aber nötigte ihn, daß er kam. Anderswo standen viel Weibspersonen von ferne und sahen zu, aber keine wollte aufs Pfarrers Zurufen und Bitten kommen, sondern liefen alle davon. Diese sind alle an der Seuche gestorben, dem Pfarrer aber, der die ganze Pestzeit ausgestanden, hat nie der Kopf weh getan.

Von Zwergen und ihren Felsenlöchern

Anno 1605 bekam Magister Laurentius Schwabe, Pfarrer in Scheibenberg, etliche Gäste von Annaberg. Dessen Eheweib führet etliche Matronen, ihre Gäste und Freundinnen, über und um den Scheibenberg, ihnen dessen Gegend zu zeigen. Sie treffen aber ein Loch an, darein drei Stufen gingen und lag darinnen ein glänzender Klumpen wie glühendes Gold. Davor erschraken sie, gingen eilends herein, führten den Pfarrer samt den Gästen hinaus; allein, sie konnten das Loch nicht wiederfinden.

Anno 1648 starb Hans Haß, ein alter, ehrlicher Bürger zu Scheibenberg, welcher mir auf seinem Siechbette seine Armut im Anfang seines Ehestandes und zugleich auch dieses erzählte: Als Wolf Köhler seine Tochter Elisabeth weggab, wären wir jungen Eheleute gerne mit zu Ehren gezogen, aber wir hatten kein Geschenk: Wir gingen am Berge grasen und wurden eines Lochs gewahr, das gleichsam mit einer eichernen Tür verschlossen, und gingen etliche Stufen hinein. Da wir wundershalben hineinsehen, liegt ein Fuchs auf einer Stufen. Wir erschraken darüber, gleichwohl, weil sich der Fuchs nicht rührete, gaben wir ihm einen Stoß und befanden, daß er tot war. Ich verkaufte den abgestreiften Balg, gingen auf die Hochzeit und waren lustig. Aber nach selbiger Zeit habe ich das Loch nicht wiederfinden können, wie fleißig ich auch gesucht habe.

Ich muß noch eine Zwergspukerei erzählen, die sich ungefähr anno 1633 bei Steinbach auf dem Walde am Aschermittwoch begeben. Es hatte Adam Beyer einen Baum im Walde gefället. Indem der Baum im Fallen ist, hauet er nach der Holzhacker Gebrauch ein Kreuz darein. Sogleich kommt ein gejagtes Weiblein und bleibet an dem mit dem Kreuz gezeichneten Baum stehen, da es dann sicher geblieben. Unterdessen füllet es dem Holzhacker seinen Kober mit Spänen, er aber schüttet die Späne wieder aus. Und da ungefähr ein Spänlein hangen blieb und er nach Hause kommet, findet er an dessen Statt einen ganzen Taler. Er gehet alsobald wieder in den Wald, in der Hoffnung solcher Taler-Späne viel aufzulesen, aber vergebens. Doch weil dieser Mann damals in kurzer Zeit zu feinen Mitteln kommen, hat man vermutet, er müsse was gefunden haben. Von dieser Begebenheit an gehet niemand gern am Aschermittwoch daselbst ins Holz, aus Meinung, der Teufel jage das Holzweibchen am Aschermittwoch.

Allein dieses alles ungeachtet, halte ich diese Zwergtradition für ein Altweibermärlein.

Der allmächtige Schöpfer hat an etlichen Orten dieses Gebirgs auch viel wunderlich gebildete Fel-

sen aufgeführet. ... Der Greifenstein lieget ...
zwischen Geyer, Thum und Ehrenfriedersdorf, von
jedem fast eine Stunde weit auf einer wilden Höhe
im Holze. ... Aus dem Erdboden steigen jählinge
Felsen höher und niedriger in die Höhe, die anzusehen sind, ob wären die großen Steine mit Fleiß
in der Ordnung aufeinandergelegt, unten herum
liegen viel große Brüche und Steine, teils mit Erde
bedeckt, überraset, mit Bäumen und Gesträuchern
bewachsen und überzogen. ... Unter einem großen
Fels, allwo der Vermutung nach das alte Schloß
gestanden, ist ein offenes Loch zu sehen, darein
eine Mannsperson gemächlich kriechen kann.

... Von solchem Loch aber sollen alte Leute erzählet haben, daß einst eine Magd, die sonst, wann
sie des Orts gegraset, öfters daselbst mit Namen
gerufen worden, im Beisein einer andern Magd
auf abermaliges Rufen hineingegangen wäre, mit
dem Verlaß, wenn sie schreien würde, daß ihr die
andere zu Hilfe kommen sollte. Es hätte aber die
Hinein-Gehende einen großen Kasten mit Gold
und Geld und einen Hund darbei liegend ange-
troffen und auf Befehl einer Stimme das Grastuch
damit angefüllet. Als aber inzwischen der Eingang ganz enge worden wäre, daß sie auf die andere Magd um Hilfe geschrien, wäre der Hund
auf sie losgesprungen und hätte alles Eingefassete
wieder aus dem Grastuch gescharret, darauf sie
voller Schrecken von der andern herausgezogen
worden. Obs wohl einem Märlein ähnlich, jedoch
weils für wahr ausgegeben worden, hab ichs nicht

präterieren wollen; insgesamt aber bejaheten die Anwesenden, daß es die Leute um solche Felsen öfters verführe, auch bei hellem Tage.

Gegen Ehrenfriedersdorf, nicht weit vom Greifenstein, sind alte Zechen, zu Johannis genannt, darin weiland die Bergleute durch Feuersetzen unterirdische Weiten und Höhlen gemacht, den Zwitter zu gewinnen, daß man sich wundern muß, und können sich viel 100 Personen drein verbergen. ... Es ist aber daraus abzunehmen, daß unter der Erden der Fels sehr groß und tief sein, der Greifenstein aber nur als eine Krone drauf sein müsse. Woher er den Namen habe, weiß niemand, außer daß man sagt, es hätte ein Greif daselbst genistet.

Von unheimlichen Wassern

Darunter rechnen wir erstlich die Törichte See, eine halbe Meile über Satzung an einem wilden, rauhen Ort, ist ins Gevierte 30 Schritte breit und lang, mit jungen Kiefern und der Pfuhl mit rotem Moos bewachsen. Das Wasser gehet eine halbe Elle hoch darüber ohne Abfluß. Sie soll unergründlich sein und ein unheimlicher Ort, dazu sich niemand gerne allein machet, weil auch die Nachbarn, die sich miteinander im Dreißigjährigen Deutschen Kriege dahin gerettet, viel Anfechtung gehabt. Es ist umher auf eine ganze halbe Meile lang nichts als eitel sumpfig Land, daß auch kein rechter Baum da aufwachsen kann, es verwimmet und verbuttet alles. Insonderheit erzählen die Umherwohnenden, daß sich bisweilen viel ungeheuere Dinge und Gespenster da sehen lassen, davon denn nachfolgende Geschichte beobachtet worden.

Als einstmals Veit Vogel, ein Mann aus Satzung, um selbige Gegend Vögel gestellet, habe er einstmals von 9 Uhr an bis 12 Uhr mittags einen großen Tumult und Alarm von Jauchzen, Schreien, Geigen und Pfeifen gehöret, daß es nicht anders geschienen, als würde eine volkreiche Bauernhochzeit oder ein lustiges Bankett in der See gehalten. Dergleichen Freudengetöne auch andere zu anderer Zeit gehöret haben.

Zwei noch lebende alte Männer, Christoph Hanstein und Hans Kötner, sagen aus, daß ihnen von ihren Vätern nachfolgendes als eine wahrhaftige Begebenheit sei erzählet worden.

Ein Mann von Sebastiansberg [Hora Svatého Šebestiána], Georg Kastmann genannt, habe um dieselbige Gegend Feuerholz gemacht. Zu diesem wäre ein schöner Reiter auf einem großen Pferd geritten kommen mit einer langen Spießruten in der Hand, welcher den Holzhacker gegrüßet und gefragt, ob er den Törichten See wüßte. Da der Holzhacker «ja» geantwortet, hätte ihm der Reiter ein Trinkgeld versprochen, wenn er mit ihm ginge und den Ort zeigete. Da sie nun beide hinzukommen, wäre der Reiter vom Pferde gesprungen und hätte gesagt: Ich bin ein Wassermann und ist mir mein Weib von einem andern Was-

sermann entführet worden, die habe ich in der
weiten Welt in vielen Wassern und Seen gesu-
chet und doch nicht funden und soll sie nun in
einem so garstigen und wilden Ort finden? Halte
mir mein Pferd fest, daß es mir nicht nachsprin-
get, ich will hinein und mein Weib herausholen.
Darauf habe er mit seiner langen Ruten in das
Wasser geschlagen, daß es sich zerteilet, da wäre
er hineingangen. Und sobald er hineingewesen,
hätte sich ein so groß jämmerlich Geschrei und
Weheklagen erhoben, daß der Holzhacker nicht
gewußt, wo er vor Angst bleiben sollte, weil sonderlich das Pferd sehr wild und ungebärdig worden und immer ins Wasser springen wollen. Mittlerweile wäre unter diesem Tumult das Wasser
ganz rot worden, und da hätte der Reiter sein Weib
herausgebracht und gesagt, er hätte nunmehro sich
an seinem Feind gerächt und den Räuber, der
ihm sein Weib entführt gehabt, erwürget. Hätte
sich damit samt dem Weibe aufs Pferd geschwun-
gen und wäre davongeritten. Doch habe er zuvor
dem Holzhacker ein Beutelein, darinnen ein Kreu-
zer gewesen, zum Trinkgeld verehret mit dem
Versprechen, so oft er würde in diesen Beutel greifen, sollte er soviel, als jetzt drinnen wäre, finden. Der Ausgang habe es auch bestätiget, daß
also dieser arme Mann viel Geld zusammenge-
bracht, weil er das Hineinfühlen oft praktizieret.
Da er sich aber des Beutels zu frei und sicher gebrauchet, sei er ihm entwendet worden, doch habe
der Räuber keinen Genuß davon gehabt.

Anno 1613 wollte ein Bürger zu Gottesgab [Boži Dar] einen alten Teich, der lange als eine Sumpfwüste gelegen, renovieren. Als zwei Bergleute den Sumpf abführen und zu Grund arbeiten wollen, fähret ein Wasserteufel im Sumpf auf, wütet und tobet und treibet die Bergleute mit Wasser und Dreck ab, daß sie ausreißen müssen.

Zu Wildenau am Wasser hinauf ist im Pöhlerwasser ein unheimlicher Ort, der Grundtümpel genannt, da sich das Wasser einer Stuben groß in die Runde drehet und sich öfters darinnen allerlei Spuknisse sehen lassen, als Weiber, Männer, Pferde. Wenn die Leute aus Raschau nach Wildenau gangen oder von Schwarzenberg herübergehen wollen, hat es sie oft die ganze Nacht irre und gar nahe an besagten Tümpel geführet, daß, wenn der Tag angebrochen, sie am Wasser gesessen.

Sonst hat man an dem Schwarz- und andern Wassern gemerket, daß sie bei vorstehendem Unglück, Feuer- oder Wasserschaden greulich geheulet. Anno 1630, den Tag zuvor, ehe die Stadt Annaberg abgebrannt, hat der Elterleiner große Teich am Geyerschen Weg entsetzlich geheulet, daß des Zäinschmieds Junge, der mehr Wasser aufschlagen sollen, mit Schrecken davongelaufen.

Anno 1645, den 10. Juni, am andern Pfingsttage, heulete frühe ein Teich jämmerlich in Elterlein, daß eine Jungfer, so gleich über den Teichdamm ging, aus Furcht eilends ausgerissen. Darauf ist ein Schulknabe, Matthes Rüdels, alten Richters, Sohn, im Teich ertrunken.

Anno 1632 ließ Theophilus Groschepf, Stadtschreiber in Scheibenberg, an der Erbisleiten einen Raum ausreuten und zu Feld machen. Da einer von diesen im Mittag hinunter an einen Brunnen gehet, Trinkwasser zu holen, findet er einen überaus häßlichen Mann dabeiliegen, der ihm nicht allein auf seinen Gruß nicht danket, sondern auch im Rückweg auf ihn fället, braun und blau drücket, daß er acht Wochen darüber krank liegen müssen.

Zu Scheibenberg, eine starke Viertelstunde unter dem Städtlein am Elterleiner Weg, läuft der tiefe Stolln aus in einen Teich. Da hats oft die Leute bei Tag und Nacht erschreckt und den Weg bald in eines großen, ungeheuren Manns-, bald eines Wolfsgestalt vertreten oder sonst mit Tumult und Gerassel ganzer Truppen Reiter betöret. Denn der Weg gehet durch Wasser und Teiche, da man leicht kann zu Schaden kommen, wie denn anno 1638 der Bergmeister selbst des Orts gefährlich hineingefallen, daß er sich kümmerlich retten können.

Anno 1637, ehe David Kauler, Kantor zu Geyer, im Geyersberg von einer hereinstürzenden Wand tödlich geprellet und geschlagen wurde, träumete ihm zuvor, er wäre mit vielen Barbieren und Wundärzten umgeben, wie auch hernach erfolget, aber da war keine Rettung, er mußte sterben.

Einem Schichtmeister auf einem Hammerwerk träumete, er finde einen Schatz im Keller. Frühe suchte er und fand ein vergrabenes Hurenkind.

Ein Sohn hatte eine ungütige Stiefmutter, die im Verdacht der Untreu und Eigennutzens war. Da der Vater starb und der Sohn in Sorgen stand, die Mutter möchte mit Geld und Mobilien übel umgehen, ging er auf den Boden und zeichnete alles auf, was er an Mobilien fand, aber vom baren Gelde hatte er keine Nachricht. Des Nachts darauf kommt ihm sein verstorbener Vater im Traum vor, als stünde er vor seinem gewesenen Ehebette und wiese mit den Fingern auf des Bettes Oberteil. Der Sohn suchet frühe, ehe die Stiefmutter aufstehet, und findet ein Kästlein mit 300 Talern, die er hernach zu seinem Nutzen angewandt.

Anno 1659 versank ein Haus in Schneeberg hinter der Kirchen. Dem Wirt träumet vorher, er wäre ins Bergwerk eingefahren und nicht wieder herauskommen: es wurde allzuwahr, denn er ist mit seinem Weibe in der Versinkung des Hauses geblieben, ohne die Kinder, so auf dem Boden gelegen, sie sind oben heraus gerettet worden.

Anno 1676 starben A. Cathrina, Christian Schuberts, Pfarrers in Bärenstein, Eheliebste, und Magister Joh. Schellenberger, Pastor in Schlettau, auf einen Tag. Der Pfarrerin träumte, sie wäre mit gedachtem Pastore in Schlettau in einem Bette gelegen, welches sie dann als eine fromme Frau sehr befremdete. Aber der Tod gab den Ausschlag, sie lagen beide miteinander auf der Bahr. Der Pastor starb am Schlag, sie aber an der Schwindsucht.

Dorothea Piltzin in Wiesenthal, eine alte Frau, hatte große Zahnschmerzen, holte darum einen Zahn vom Gottesacker und rührete den wütenden Zahn damit an. Des Nachts träumete ihr, es stünde eine tote Frau vor ihrem Bette und fordere ihren Zahn wieder. Sie wachet darüber auf, erschrickt und fället in ein hitziges Fieber, daran sie auch gestorben ist.

Martin Thalmann, ein gebirgischer Lieutenant, wurde anno 1681 in Wiesenthal von einem Feldwebel unversehens erschossen. Des Nachts zuvor meinet er im Schlaf, er schieße nach einem Raben, der Rabe aber nähme ihm das Pistol aus der Hand und ziele nach ihm. Es geschah, daß er im Aufsitzen, da er fortreiten wollen, erschossen worden.

Und war ominös, daß, da er nur etliche Wochen zuvor copuliert worden und ihm etwas etliche Mal vor dem Altar hinterwärts am Mantel gezupfet, er zurücke gesehen und seinen verstorbenen Vater, einen gewesenen Rittmeister, erblicket hat.

Ehe anno 1687 ganz Wolkenstein von einem Donnerstrahl wegbrannte, träumete unterschiedlichen Inwohnern, es wären etliche rote Kühe wegen eines zornigen Gewitters in des Stadtschreibers Haus eingangen, die man ferner nicht gesehen hätte. Und in dieses Haus hat das Wetter erstlich eingeschlagen.

Von Festmachung der Leiber

Ein Bergmann in Seiffen hatte ein Doktor-Faustisches Kunststück, daß er zur Lust in Gesellschaft über dem Essen alle Speisen stahlfest machte, daß kein Mensch, ehe er wollte, einen Bissen abschneiden konnte.

Anno 1602 kam ein Werber mit 21 Soldaten nach Scheibenberg und zog bei Greger Perteln, der Bier schenkte, ein. Des Abends wurden zwei Soldaten wegen einer Vettel, die sie bei sich führeten, uneins und forderten einander auf die Klinge vor die Tür. Der Ausforderer verließ sich auf seine Festigkeit, aber indem er das Wams auszieht, streift er unversehens sein Amulett, darinnen seine Kunst verborgen, mit vom Leibe und wird von dem Provozierten jämmerlich erstochen.

Anno 1632, den 3. Januar, wurde Jochim Escher erschossen, auf welchen sein Feind erstlich eine bleierne Kugel losbrannte. Dieweil sie aber nicht einging, riß er eilend einen Dukaten aus der Tasche, biß ihn zusammen, brauchte ihn statt der Kugel und schoß ihn Knall und Fall vom Pferde.

Anno 1652 lebte zu Satzung Michael Vogel, der ein Soldat gewest und ein Amulett der Festigkeit wegen am Hals getragen, daher er beim Trunk immer Krakeel und Schlägerei angefangen. Da er nach Hause aus dem Kriege kommet, wirft er das Angehänge weg, aber es kommt aus Feuer und Wasser wieder. Endlich wirds sein Beichtvater innen und nimmt das Amulett zu sich. Jener sagte, er müßte es mit gewissen Zeremonien abnehmen; dieser aber versichert, der Teufel habe an ihm keine Gewalt, er wolle es schon wegschaffen, geht damit zu einem Schmiede und wirft es ins Feuer. Da fuhrs zur Feueresse hinaus mit Ungestüm und platzte wie ein Doppelhaken. Darauf wurde der Kerl ganz anders, friedlich und sittsam, und starb nach zwei Jahren an einem Schlagfluß.

Anno 1654, den 10. Juli, kam ein gebirgischer Oberförster auf eine Hochzeit in Scheibenberg geritten, und da er von einem großen und beißichten Fleischerhund wird angefallen und verfolgt, löst er aus Unmut das Pistol auf den Hund. Die Kugel aber prallete weg, daß die Haare stoben, denn der Hund war feste und überaus schädlich,

darum mußte ihn der Fleischer eilends wegschaffen.

Anno 1677 schlugen sich zwei freche Kerle auf Böhmisch-Wiesenthal [Loučná]. Der eine war stahlfeste und konnte gar nicht verwundet werden. Da sein Gegenpart dieses merkte, sagt er: Halt, ich will dir besser kommen. Zieht hiermit den Degen unter dem Schuh durch die frische Erde und verwundet ihn dann dreimal nacheinander.

Von unheimlichen Ahnungen

Anno 1626, zur Zeit des großen Sterbens, wohnete Nikolaus Köhler, ein Schuster, in Oberwiesenthal am Markt. Da er sich abends zur Ruhe gelegt, höret er ein jämmerlich Geheule auf dem Markt, daß er davon nicht schlafen kann. Er siehet hinaus und wird gewahr, daß es um den Holzstoß eines gegenüber wohnenden Nachbars so winselt und jammert (in dessen Haus lagen zwei Sterbende, wie er des folgenden Morgens allererst erfahren). Er spricht: Ja, heule, daß dir was anders in den Rachen fahre!, und legt sich wieder nieder. Gleich kommt das Heulgespenst vor die Kammer, heulet noch gräßlicher, er fähret ins Bette hinein mit Furcht und Grausen, und das Weib verweist ihm seine Verwegenheit, warum er bei so elenden Sterbezeiten so frech hinausgeschrien. Sie fangen an, miteinander zu beten. Das Heulding fähret hinauf auf den Oberboden und von dannen zum Fenster in das Quergäßchen herunter und heulet wieder aufs neue vor des Büttels Tür, und morgens erfuhr er, daß auch darinnen ein Patient am Tode läge. Der Schuhmacher aber hat noch über 30 Jahre gelebt und ist allererst anno 1664 an der ungarischen Soldatenkrankheit gestorben.

Anno 1630, den 5. Januar, starb Nikolaus Walde, Pfarrer zu Schwarzenberg, im Alter von 67 Jahren. Dem verdorrte sein Birnbaum des Jahres zuvor, ehe er starb. Da ers sah, sagte er: Ich habe lange genug vom Sterben gepredigt, jetzt wird der Birnbaum mein Prediger. Mein Baum verdorret, und ich werde auch bald sterben. Was geschieht? Am Neujahrstag steigt er auf die Kanzel, und da er nun will anfangen zu singen: Helft mir Gottes Güte preisen ..., überfällt ihn ein Schlagfluß, daß er mußte nach Hause geführet werden und sich auf sein Todesbette legen.

Anno 1664 wurde am Ostersonnabend eines Müllers Sohn von der Königsmühle auf Stolzenhain [Háj] von einem Aufschauer erschossen. Acht Tage zuvor kamen zwei böhmische Einnehmer zu ihm, revidierten seine Korn- und Mehlzettel in Meinung, er hätte mehr über die Grenze geschaffet, als seine Zettel austrügen. Da er die Zettel aufweist, nimmt der Einnehmer einen zurück und steckt ihn in den Schubsack. Weil aber der andere Aufschauer für ihn bat und jener den Zettel wieder herauszog, war ein blutiger Strich darüber. Er erschrak, besah seine Hand und Messer und vermeinte, er hätte sich gestochen. Aber da war nirgends kein Merkzeichen zu finden, gleichwohl war der Blutstrich auf dem Paßzettel. Nach acht Tagen hat gedachter Müllerssohn des Nachts etwas Getreide über die Grenze herübergebracht und gehet mit seinem Geld wieder zurücke heimwärts, wird aber von eben dem Aufschauer, der ihn vertreten, im Beisein des andern Einnehmers überfallen und erschossen, so daß die Kugel ein Stück von Kopf und Gehirne weggeschlagen.

Anno 1666 wohnete ein Kopist in Schneeberg, ein junger starker Mann, der beim Trunk hurtig von der Faust war. Seinem Weib, Maria Böhmin, sprang der Trauring vom Finger entzwei und fiel auf die Erde. Sie erschrak darüber und sagte, was soll mir das sein? Da der Mann abends zu Bier gehen will, hat sie große Angst und erzählet, was ihr begegnet, er sollte zu Haus bleiben, aber er schlugs in ein Gelächter. Sie begleitet ihn bis zur Haustür und vermahnt ihn, er soll sich ja in acht nehmen. Abends bringen sie ihn todkrank nach Haus, und der Schlag rühret ihn ebendieselbige Nacht, daß er starb.

Anno 1676 lag Magister Joh. Christoph Gensels Eheliebste in Geyer tödlich krank, deren Mutter in Annaberg wohnete. Da nun die Tochter mit dem Tode rang, gabs der Mutter in Annaberg einen Stich ins Herz, daß sie anfing zu seufzen: Ach, jetzt stirbt gewiß meine Tochter; wie es auch wahrhaftig in selbiger Stunde geschehen.

Anno 1678 starb in Schwarzenberg ein Amtmann, vor dessen Todesfall sein daselbst auf dem Kirchhof erbauetes und fest verschlossenes Begräbnis sich etliche Mal selbst eröffnet, obgleich ein und andermal wieder verschlossen worden.

Anno 1693 starb Johann Graupner, ein Chirurgus und Spitzenhändler, der unlängst geheiratet, in der Fremde zwischen Schlesien und Polen an der Grenze. Kurz vor seiner Abreise klagte er über die bösen Zeiten, und er achtete den für selig, welchen Gott bei so drangsaligen Läuften wegnähme. Seine Eheliebste begleitete ihn ein Stück Weges, und da er schon von ihr einmal Abschied genommen, lief er nochmals zurücke und umhalset sie. Als er nach Annaberg kam und von dannen von einem Verwandten begleitet wurde, sagte er beim Abschied: Es ist mir, als sollte ich in den Tod gehen. Ist auch also erfolget. Seiner hinterbliebenen Frau träumete, sie hätte ihre Handschuhe verloren und nicht wiederbekommen.

Der sonst wegen allerhand Weissagungen beschriene Bocksgrüner [Srni] Richter ging von Kaden [Kadaň] nach Hause, sah unterwegens gen

Himmel und sagte zu seinem Gefährten: Heute soll mich das Wetter erschlagen. Der Wirt von Müllendorf [Smilov] straft ihn um solcher Rede und spricht: Ists doch ganz hell und klar am Himmel, da sei Gott vor! Da der Bocksrichter fortgehet, erhebt sich ein schnelles Ungestüm und kommt ein Donnerstrahl, der schlägt ihn mausetot.

Wenn etwa eine peinliche Exekution hat sollen vorgehen, hats in der Marterkammer mit Ketten, Fesseln und Torturzeug rumoret und gerasselt, item das Gerichtsschwert hat sich an des Scharfrichters Wand ohne jemandes Anrühren zitterlich beweget und die erfolgte Exekution angedeutet, wie ich von denen, die es selbst gesehen, gehöret und erfahren, berichtet worden.

Vom vermeinten Wiederkommen der Toten

Anno 1658 starb im Gebirge ein Bergbeamter, welcher, ob er wohl ein guter Kirchen- und Schulfreund, ein weltkluger, bergerfahrener Mann, ein geübter Musicus vocalis und instrumentalis, ehrbar im Gespräch, ohne Fluchen und Schelten und guttätig gegen seine Arbeiter gewesen. Dennoch hat der leidige Satan nach seinem Tod einen gefährlichen Lärm angerichtet. Er ließ sich in des Verstorbenen Gestalt nicht nur auf dem Hammer, da er gewohnet, sondern auch in seinem Haus, meistens aber auf einer Schmelzhütte sehen. Er schlug Knechte und Mägde im Stall unter das

Vieh, seine Tochter über dem Nähen, daß sie acht Wochen krank gelegen, und vexierte die Arbeiter, daß niemand bleiben wollte. Ein Jahr lang darauf war Friede und Ruhe vor ihm (ob man Mittel gebraucht, kann ich für gewiß nicht sagen), aber da nach diesem ein Bauer ungefähr über eine unbekannte Waldhütte kommet, die Bretter losreißet und will sie heimführen und nunmehr das letzte Brett abreißen will, drückt ihn der gespenstige Mann, daß er sterben müssen. Da fing er sein Mordspiel wieder an, drückte erstlich Caspar Bibern, einen Kohlenmesser, auf dem Hof tot. Den Tag vor dem Christfest anno 1659 in der Nacht schlägt er stark ans Tor. Der Wächter meinet, es sei sonst eine nötige Post und macht auf: da präsentiert er sich in einem schwarzsammeten Pelz und mit einem spanischen Rohr und drückt dem Wächter alle Glieder entzwei und begehet andere Taten mehr, daß sich die Nachbarn vor diesem gespenstigen Gast sehr gefürchtet.

Erschrecklich ists, was sich anno 1666 im September in einer Bergstadt begeben. Da ist G. S. gestorben, dessen Weib zuvor in der Fastenzeit gedachten Jahres auch Todes verblichen. Da nun der Witwer zur andern Heirat schreiten wollte, kam immer ein Gespenst in Gestalt der verstorbenen Frau und ängstet ihn, daß er keine Ruhe konnte haben und daher seinem Gesinde gebot, sie sollten in der Stuben schlafen und ihr Bette vor seine Schlafkammer schieben. Am Donnerstage zuvor spricht das Gesinde: Herr, wenn ihr doch zuvor, ehe ihr wieder Bräutigam seid, euerer vorigen Frau einen Leichenstein legen ließet, vielleicht bliebe sie außen. Er bestellt am Freitage die Mäurer und läßt ihn legen und sagt: Nun habe ich meine Alte fein eingeschweret, sie wird nicht wieder kommen, der Teufel müßte sie denn herausführen. Die Mäurer nimmet er mit sich nach Hause, isset und trinket mit ihnen, bestellet einen Boten, der morgens frühe soll weglaufen, gehet zu Bette, und das Gesinde liegt vor der Kammertür. In Mitternacht kommt ein Gespenst in die Stube, sucht erst in den Registern und blättert darinnen, darnach rauschete es über das Gesindebette weg, kam in die Kammer und würgte den Mann. Frühe kam der bestellte Bote und wartet zwei Stunden. Das Gesinde hieß ihn anpochen, rufen und gar hinausgehen. Da findet er ihn tot, und dieser hat nach dem Tode ingleichen sich sehen lassen.

Anno 1670, den 30. September, hat sich in einem benamten Bergort zugetragen, daß C. K. seinen Sohn von 13 Jahren in Verrichtung über Feld ins nächste Dorf verschicket. Als er wieder zurückgehet, begegnet ihm sein gewesener Pat, ein Hammerherr, der schon vor zwei Jahren gestorben war, in der Gestalt, wie er ihn hatte im Sarg angezogen gesehen. Der sieht ihn an und spricht: Siehe, Pat, bist du es? Stehet mein Hammer noch? Ist er noch nicht weggebrannt? Der Knabe erschrickt und schüttelt den Kopf, eilet auch desto mehr nach Hause. Das Gespenst aber ist bald vorne, bald hinter ihm und brummelt was, das er nicht verstehen kann, und verändert sich dreimal in den Kleidern. Da der Knabe über das Dorf herauskommet, fängt es an: Ach, wie müde bin ich, ach, wenn mich jemand trüge! Pat, gehe in meinen Hammer, an dem Ort wirst du Geld finden, dir ists bescheret. Und damit deuchte dem Knaben, er sehe Geld vor sich liegen und schimmern. Als er seinem Städtlein nahe kam und zuvor durch ein Büschlein gehen mußte, da fing erst ein Alarm an. Das ganze Büschlein war voller schwarzer Männer, die den Hammermeister umringten. Bald verwandelten sie sich in große rote Hirsche, daß der Knabe nicht wußte, wo aus oder ein; bald sah er einen Mann kommen, der hatte eine Rute in der Hand und drohet damit dem Gespenste und Hirschen. Der Knabe lief mit Furcht und Zittern fort, die Hirsche verloren sich, aber das Hammergespenst begleitet ihn noch ein Stück Wegs. Und ehe es von ihm bergunter Abschied nahm, lehnte sich noch einmal über den Knaben hinüber und sah ihn scharf unter die Augen, ging davon einen andern Weg, bei sich murmelnd. Der Knabe kam heim, klagets den Eltern, lag acht Tage krank und hat alles ausführlich glaubwürdigen Leuten erzählt.

In St. Joachimsthal [Jáchimov] hat sichs begeben zu Herrn Schubards, damaligen Oberpfarrers, Zeiten, daß ein Gespenst in Gestalt einer daselbst verstorbenen Frau immer in ihres hinterlassenen Mannes Haus kommen und ihn bei Tag und Nacht verunruhiget. Der Witwer klaget seine Not dem Pfarrer und bittet, ob er nicht gegen Mittag zu ihm kommen und wider den Geist beistehen möchte? Der Pfarrer kommt endlich auf des Mannes inständiges Bitten, da erscheinet die gespenstige Frau gleich im Mittag in ihrem Toten-Habit, wie sie im Sarg war beschicket worden. Der Pfarrer redet den Geist getrost an, was er hier im Hause zu schaffen habe? Das Gespenst sagt: Ich habe eine Kette verborgen, die liegt da und da vergraben; so befürchte ich mich auch, mein Mann möchte eine Person in der Nachbarschaft heiraten, mit der ich nicht kann zufrieden sein, darum kann ich auch im Grabe nicht ruhen. Der Pfarrer aber verwies dem Teufel seine Bosheit und trieb ihn mit Gottes Wort so weit, daß er keine Ausflucht mehr hatte, sondern es verschwand die gespenstige Gestalt allmählich und ließ endlich an der Stelle, da sie gestanden, eine Handvoll Aschen übrig, ist auch von der Zeit an nicht weiter gesehen worden.

Anno 1674 wohnete in Brand [Zd'ár], einem gebirgischen Dorf unter Joachimsthal [Jáchimov], eine Müllerin, die Mühl-Adelin genannt, welche die armen Bergleute und Zinnseifner in Gottesgab [Boži Dar] mit Brot verlegte, dasselbe aber so armselig buk und gab, daß es fast eitel Spreu und Kleien war und in der Suppe zerschwamm. Da ihre Arbeiter sich beklagten und über das ärmliche Brot beschwerten, sagte sie mit Trotz: Ei, meine Gottsgäber Säue könnens schon fressen. Da diese Mühl- und Geldhamsterin gestorben, ist sie oft wiederkommen, hat den Mann geplagt. Und sooft der Müller seine Säue gefüttert, ist allezeit eine fremde gespenstige Sau mit zugelaufen und hat samt den andern mit aus dem Troge gefressen. Ihre Tochter succedierte ihr im Hause und ließ sich vom Teufel ingleichen zu Schinden und Ungerechtigkeit leiten, sammlete viel Geld und vergrubs zum Teil. Da die kaiserlichen Soldaten anno 1691 da vorbeireiseten, wurde sie von einem heftig erschreckt, wurde sprachlos und starb, daß niemand wußte, wohin sie ihr Geld vergraben. Darauf kam sie in unterschiedlicher Gestalt wieder, plagte und ängstete den hinterlassenen Witwer, daß er endlich gar desperat wurde. Er sagte anno 1693 im Oktober zu seinen Kindern, er könnte nicht mehr bleiben, er wollte zu seinem Bruder gehen, nahm darum Geld zu sich: aber wurde er auf dem Felde tot gefunden und hat auf einviertel Maß Geld hinterlassen.

Anno 1694 hat sich im September in einem Bergstädtlein gewiß zugetragen, daß eines Fleischhackers Weib vier Wochen nach ihrem Begräbnis ausgeschrien worden, als ob sie wiederkäme. Nun hatte sie sonst den Nachruf eines frommen und eingezogenen Lebens, beklagte sich auch unterschiedliche Mal, daß sie das böse Leben, so ihr anderer Mann mit Fluchen und Streit nebenst den Kindern triebe, nicht vertragen könnte und müßte viel leiden, daß kein Wunder wäre, sie ließe sich lebendig begraben. Sie starb kurz hierauf und verließ eine arme Schwester, welche bei dem Witwer allerhand Erbstücke suchte, aber nichts erhalten konnte. Ungeachtet nun diese Erbforderung gerichtlich beigelegt, wollte sich doch die blutarme Schwester nicht so abweisen lassen und vergoß viel Tränen. Der Witwer lag krank nebst seinem Sohn und dieser in der Unterstuben allein. Da kommt ein Gespenst zu Mitternacht in Gestalt der Verstorbenen und setzet sich vor sein Bette. Er erschrickt und fängt an zu beten: Gott, der Vater wohn uns bei; zu drei Malen, aber die gespenstige Frau will nicht weichen, der Kranke kann nicht fort und schwitzet gar sehr. Es schlägt zwölf, da meinet er, nun werde sie fortgehen, aber sie bleibet sitzen bis nach zwei Uhr. Da fängt er an: Alle guten Geister loben Gott den Herrn. Sie antwortet, zwei Schritt zurücktretend: ich auch. Der Kranke fragt, was wollt ihr hier, gehet hin, wo ihr hingehöret. Sie antwortet: Ihr sollt meiner Magdalena (so hieß ihre arme Schwester) nicht alles nehmen. Und damit fuhr der Geist zum vordern Fenster hinaus. Eine Hausgenossin wohnte in der Oberstube, die auf der Bank liegend eben dieses Gespenst gesehen.

Vom vermeinten Holzweibel werden dann und wann einige alte Traditionen herumgetragen, daß es vom Satan gejagt würde und in solcher Flucht einen Stock, darein die Holzhacker ein Kreuz gehauen, suchte, sich darauf setzte und alsdann erlöset würde. Man hat auch von alten Leuten zu Grum- und Steinbach erzählen hören, daß vor alten Zeiten ein Holzweibel kommen, sich auf den Ofenherd gesetzet und gesponnen und das Gespinst hervor in die Stube geworfen. Dem Holzweibel hätten sie müssen Essen geben.

Hinter Grünhain liegt ein Wald, der Pfannenstiel genannt, auf welchem nicht allein viel Menschen sind erschlagen worden, sondern es hat auch ein Waldgeist viel Leute genecket und erschrekket, daß sie davon gestorben. Dergleichen ist einem Schneeberger, Mehlhorn genannt, begegnet, den es in den Rumpelsbach geworfen zum Trinkgeld, nachdem er dieses Gespenst als einen Malzsack auf dem Rücken den Berg hinantragen müssen.

Also hat sich 50 Jahr nach des Klosters zu Grünhain Verwüstung am Elterleiner Weg (wo des Abts Hämmerlein gestanden, wie die Schlackenhaufen ausweisen) ein Gespenst in Mönchsgestalt sehen lassen, welches die Vorbeigehenden, sonderlich Trunkene und Jauchzende, übel bezahlet.

Es hat einst einen Bergmann von Elterlein, der das Gespenst in Völlerei herausgefordert, mit den Beinen den Berg hinuntergeschleppet, in den Bach geschmissen und am Kopf so verwundet, daß er viel Hefte mußte tun lassen.

Einen Richter, der trunken in der Nacht von Grünhain heimgeritten, hats mit dem Pferd gestürzt, daß er einen Arm gebrochen, das Pferd samt dem Boten verjagt, und ist der Richter mit großer Lebensgefahr heimkommen.

Zwischen Rittersgrün und Pöhla am Bach ist ein Fels, darum sich ein Gespenst als ein Bergmann hören und sehen lassen, oben auf dem Kopf mit einem brennenden Grubenlicht, der die Leute in der Nacht erschreckt und in den Bach mit großem Beben und Krachen geworfen.

Ingleichen hat sich hinter dem Scheibenberger Hügel am Gehänge im Wacken und vorne um die Berghalden oft ein Gespenst sehen lassen als ein Bergmann, welches den Maurern, so daselbst Sand gesiebet, plötzlich auf den Hals kommen. Andere hats hintern Berg an eine eiserne Tür geführet, als zum Eingang eines Schatzes, die man aber hernach nicht wieder finden mögen, oder hat in Gestalt einer Jungfer oder Wölfen, Füchsen, Irrwischen manche verführet und geäffet.

Auf dem Herrlichen Hof und Sitze zu Venusberg kennet man dergleichen weiße Frau von langen Jahren her, ohne daß niemand wissen will, wer sie gewesen. Sooft bei der Herrschaft oder ihrer Familie und nächsten wichtigsten Anverwandten ein Todesfall sich ereignen soll, lässet sie sich eine gute Zeit zuvor von vielen öffentlich sehen. Und zwar wenn der Todesfall im Hause geschehen soll, gehet sie aus selbigem heraus, die Treppen hinunter, längs über den Hof hinab bis zu demjenigen Tor, wo die Leiche soll hinausgetragen werden. Ist aber der Todesfall außerhalb des Hauses unter den nächsten Anverwandten zu vermuten, lässet sie sich nur bald hier, bald dort erscheinungsweise, auch wohl zu den Fenstern herab sehen. Jedoch so, daß niemals jemandem dadurch einig Leid oder Krankheit widerfahren, weil sie ohne alle Beleidigung ihr Wesen und Affenspiel führet.

Zu unser Väter Zeit war bei dem Oberförster zu Thalheim ein Ungetüm oder Kobold im Hause, welches den Leuten große Last und Schalkheit antat, daß sie auch nicht mehr bleiben konnten. Endlich brennete das Haus gar weg. Etliche meinten, das böse Ding hätte es angezündet, andere, der Hausherr hätte es selber lassen anzünden, um des Ungetümes los zu werden. Da sie aber ihre Sachen ausgeräumet und auf einem Wagen davonfahren, lässet es sich unter demselben mit vernehmlicher Stimme hören: Wären wir nicht so gerannt, so wären wir wohl mit verbrannt. Hatte sich also auch vor dem Feuer mit gerettet.

Insonderheit hatte der höllische Jäger vor und in dem Deutschen Dreißigjährigen Kriege auf den hohen Wäldern sein Affenspiel, indem es, vornehmlich wenn etwa eine feindliche Armee einbrechen sollte, erschallete als ein stark Jägergeschrei: Hu, hu, hu! Man hieß es insgemein das wütende Heer und war ein böser Vorbote.

Anno 1626 ritt Junker Rudolf von Schmertzing, Erbsaß auf dem Hammergut Förstel, halbtrunken von Annaberg ganz alleine und vermeinte, den geraden Weg über Schlettau auf die Scheibenbergischen Mühlen durch die Unterscheibner Räume zu nehmen. Es verführte ihn aber eine Jagd von Jägergeschrei und Hundegebelle, welchen er nachritt, und verfiel mit seinem Pferd in einen Morast, darinnen das Pferd halbversunken steckenblieb. Er wirkte sich gefährlich los, lief auf die benachbarten Fuhrwerke, kleidete sich aus und ließ Leute auftreiben, die das Pferd mit Stangen und Seilen aus dem Morast ziehen und gewinnen mußten.

Dieses ist auch begegnet jenem alten Priester, der von Wiesenthal sehr frühe durch den Wald nach Annaberg zu gereiset, da sich mitten im Walde ein ungemein großes Jägergetöne erhoben, um welche Zeit doch kein Arbeiter noch Jäger auf dem Walde zu finden gewesen. Der Fuhrmann besann sich bald darauf und sagte: Herr, es ist das wütende Heer, wir wollen im Namen Gottes fahren, es kann uns nicht schaden.

Anno 1654 im Herbst kommet der Kirchvater von Stützengrün her aus dem Wald und ist gar schwermütig, klagt auch, es habe ihn ein Gespenst erschreckt. Als er im Februar wieder hinausgehet, höret er eine Stimme: Erwürge dich, oder ich tue es! Greif lieber selber zu! Damit zieht der bestürzte Mann sein Messer aus und schneidet sich den Bauch auf, daß die Gedärme in den Schnee fallen. Weil er aber vor Schmerzen heftig schreiet, finden ihn etliche Köhler im Blut und führen ihn noch lebendig heim, und nachdem er seine Beichte getan, kommuniziert und getröstet worden, ist er bald darauf verschieden.

Ferner hat ein Wald- und Mordgeist im Buchholzer Busch am Wege unter den vorbeigehenden Leuten viel Zank und Schlägerei verursachet, daß sie bisweilen blutig und halbtot voneinander geschieden. Ein Forstbedienter hat an dem Ort einen Müller von Buchholz fast tot gehauen, und als er selbst, drei Jahre danach, anno 1661, den 10. November, dieselbe Straße von Annaberg geritten, wurde er durch einen Tumult und Geräusche, als wären Mörder vorhanden, erschreckt und getäuscht, daß er im Rückweg abends trunkenerweise eben an dem Ort auf eine Notwehr ein Pistol zückt, aber unversehens losdrückt und sich damit die Kniescheibe entzweischießet, daß er den dritten Tag daran sterben müssen. Denn die bösen Geister haben auf solchen Mordplätzen ihren Freuden- und Tummelmarkt und können nicht wohl leiden, daß man sie necke und ausfordere.

Was anno 1691 im August und September der Satan für eine Unruhe in eines Geistlichen, Herrn Magister Enoch Zobels, Bürgerhause zu St. Annaberg angerichtet, hat der selige Mann selbst weitläuftig beschrieben und in Druck gegeben. Nur etwas zu gedenken, so hat es mit Auf- und Niedergehen, Klappern, Schlagen, Auf- und Zumachen der Türen, Werfen, Fallen, Verschleppung alles Hausrats, Rufen, Lachen, Zupfen bei den Kleidern, schimpflichem Necken einer Magd viel seltsame Händel getrieben, bisweilen als ein dunkelgrauer fortrauschender Schatten erschienen, sich einst mit einem nackenden Arm blicken lassen, im verschlossenen Gewölbe sah man Licht brennen, es steckte grün Waldreisig auf die Haustüre, dergleichen es auch auf und an den Spiegel getan. Im hintern Hofgewölbe hat sichs hören lassen, als ob Bergleute arbeiteten. Eine Kugel hat es die Treppe herunter ins Haus geworfen. Alte Kleider hat es hervorgetragen und seltsam aufgehänget. Den Schlafenden die Betten nehmen wollen, bei Tage etliche Betten verschleppet, brennend Licht auf den Boden getragen. Auf einen wachenden beherzten Bürger überfiel etwas in der Nacht, seinen Gedanken nach als ein zottiger brauner Bär. Sah bisweilen zum Stallfenster heraus als ein altes Angesicht mit einer schwarzen Haube. Gab der Hausgenossin eine starke Ohrfeige, daß man die roten Striemen noch des andern Tages sehen können. Steckte die Ofengabel, Ofenkrücke, einen langen Borstwisch mit allerlei

Lumpen behangen zur Haustüre hinaus auf die Gasse. Zog den großen Wassertrog ab und versteckte die Zapfen, setzte ein brennend Licht auf die Hausbank, schürte Feuer auf dem Herd. Dergleichen Schalkheit übete es sehr viel, und wenn es etwas gestiftet, so lachte es. Versteckte die Schlüssel, streuete Korn vom Boden hinab in den Hof. Der Hausgenossin Betten trug es auf den Gang hervor, aber man sah keinen Träger. Steckte allerlei Sachen zusammen in den Ofentopf. Ein Studiosus sah etwas als ein altes Gesicht, es warf ihn mit einem Steinchen, hielt ihm rücklings beim Klavichord mit kalten Händen die Augen zu. Entführte unterschiedliche ausgebreitete Wäsche. Den 26. September befand sich Feuer und Dampf auf dem Holzstalle, darauf die Einwohnenden Lärm machten, daß es bald gelöscht wurde. Mittlerweile war allenthalben gute Anstalt wider alle Gefahr gemacht. Im Hause wurde täglich zu gewissen Stunden gebetet und gesungen. Es wurde auch öffentlich in der Kirche Fürbitte angestellt. Und hat sich nachgehends weiter nichts mehr spüren lassen.

Anno 1695, am 15. September, sonntags spät, ritt Christoph Kaiser, Müller zu Blumenau, nach Hause, und als er hinter die Pfarrwohnung zu Albertshain [Olbernhau], wo ihn sein Weg nach Hause trug, kam, gingen drei Männer in gewöhnlichen Kleidern geschwind und ungegrüßet vorüber, darüber er sich verwundert, weil er sie für

Blumenauer ansiehet. Als er ein wenig fortreitet, kommen ihm auf dem Weg vier verschleierte Weiber entgegen, welche eine Totenbahr mit einem Sarg und Leichentuch tragen. Darüber erschrickt er, weiß fast nicht, wo er sei. Bald dünkt ihm, er reite durch ein groß Wasser, bald, als müsse er einen hohen Berg hinanreiten. Bis es ein wenig licht wird und er sich bekennet, daß er auf dem rechten Wege sei. Als er zu des Richters Teich, der gar nahe bei dem Gerichte ist, kommt, siehet er abermal fünf bis sechs Paar verschleierte Weiber daherkommen, die über den Steig, darüber er auch gewollt, gehen, daß er nicht weiß, was er tun soll. Er lässet aber dem Pferd seinen Gang, welches dieses Weges wohl gewohnet, aber über den Steig nicht gehen will, sondern lenket sich mit einem ziemlichen Schnauben neben demselben durch ein kleines Bächlein und bringet so fort seinen Reiter gesund nach Hause, wiewohl es sehr geschwitzet. Des andern Tages hat es der Müller ausgesagt und hat ihm nichts geschadet.

Anno 1695 kurz vor Weihnachten ereignete sich zu Lauter in einer Schenke bei einem darinnen wohnenden Fleischhacker in der Kammer, wo er mit seinen Kindern geschlafen, von ungefähr 9 bis 11 Uhr abends und von 1 bis 3 Uhr nach Mitternacht bei der Kinder Bette ein Kratzen, welches sie in der Ruhe merklich störete. Anfänglich hat ers für eine große Ratte oder dergleichen etwas gehalten, fleißig aufgestellt, aber nichts gefangen noch gesehen, noch ergreifen können. Mit der Zeit hats auch angefangen, so laut zu pochen, daß mans im Keller hat hören können, und hat den Kindern keine Ruhe gelassen. Ein Knabe von zwölf Jahren hat fleißig gebetet und zu ihm gesagt: Laß mich doch in Ruhe, wenn du nicht mitbeten willst, auch nicht beten kannst, so gehe deiner Wege; und ist unerschrocken gewest. Im Januar 1696 hat ein Kind ungefähr ein Band in Händen mit ins Bette genommen, welches dieses Ungetüm dem zulaufenden Volk durch ein Astloch der Decke herab ins Haus steckend gezeiget und damit gespielet. Wenn es jemand ergreifen wollen, ists entwischt und bald zu einem andern Loch auf solche Weise heruntergehangen worden. Gedachter Fleischhakker hat dabei sein Geld aus einem verschlossenen Kasten vermisset und ist dazu kommen, daß es eine ganze Bürde Wäsche bis an die Kammertür gebracht, so er noch errettet. Der substituierte Schulmeister des Orts unterstand sich, das Ungeheuer zu fragen. Da hat es denn viel geredet in einem Ton wie ein zarter Knabe oder Weibsperson, ist auch zornig auf ihn worden, daß es ihn hinein in die Kammer gefordert, wohin er sich doch nicht hat getrauen wollen, sondern ist in der Tür stehen blieben. Hernach haben auch andere ihren Fürwitz gebüßet und allerlei gefraget. Unter anderm, ob es von einer gewissen Person dahin gebannet wäre, da es denn mit «ja» geantwortet. Als am 19. Januar die Wirtin eines Kindes genesen und am 20. darauf das Taufmahl gegeben, wobei sich auch nebst den Gevattern der Pfarrer und andere Leute befunden, ist weiter nicht das geringste gehöret worden.

Anno 1696 wurden Hans Neuber, Köhler, und sein Weib Anna Catharina Metznerin, beide fromme und in friedlicher Ehe lebende Leute zu Königswalde auf der Amtsseite, von Gott im Juli mit einer jungen Tochter begnadet. Nachdem das Kind getauft, hat sich zur Nacht darauf ein schwarzer langer Mann, der aus der Stubenkammer hinein in die Stube kommen, vor ihr Bette gefunden und sie angeredet: Gib mir dein Kind! Als sie sich aber dessen geweigert, ist er wieder hinausgegangen und hat das Schloß hinter sich zugeschlagen, daß es geschmettert. Nach 14 Tagen kam etwas an den Laden, daß sie auch den Schatten am Fenster sehen können, und weil sie es für einen Hund gehalten, auf dasselbe gerufen: Gehest du, garstiges Aas! Worauf es den Fensterladen gewaltig zugeschlagen und weiter nichts tentieret. Die folgende Nacht hat es ihr das Kind aus dem Bettchen gezogen, daß sie es die quer über dem Badewännchen auf dem Gesichte liegend wiedergefunden, welches folgends eine Nacht um die andere wiederholet worden. An einem Sonnabend hernach im August hat die Mutter zur Nacht das Kind kurz vorher gestillet und wieder hinaus in das Wännchen gelegt, da dem Vater, der neben ihr lag, träumet, es hätte ein Kind einen Arm gebrochen, worüber er erschrocken und aufgewacht, doch, weil er sich besonnen, es sei ja sein Kind nicht, welches er bei sich in der Kammer habe, bald wieder eingeschlafen. Hierauf wurde ihm das Bette vom Leibe gezogen, darüber er auffuhr, nach dem Kinde schrie, welches sie leider! aus dem Kissen ganz bloß auf dem Gesichte liegend tot fanden. Als nach dessen Beerdigung der Mann wieder an seine Arbeit im Kohlgehau gegangen und seines Bruders Weib des Nachts bis zu seiner Wiederkunft dazubleiben vermocht, so hat sich zur Nacht zwischen 11 und 12 Uhr etwas an dem untern Bettbrett angegeben, damit geknacket, ist endlich gar ins Bette gefallen, daß es ganz schwer worden. Und da sie ihre schlafende Schwägerin aufgeweckt, habe das Ungetüm gesagt: Harre, ich will dir deinen Rest schon geben! Womit es wegkommen, und hatte sie es ordentlich auf dem Stroh hingehen hören, und der Hund hatte es gemerket und sehr gewinselt.

Ungewöhnliches, Merkwürdiges, ja Seltsames zu sammeln war im 17. Jahrhundert, dem Zeitalter des Barocks, Mode. Fürstliche Raritäten- und Kuriositätenkabinette wetteiferten im Zusammentragen ausgefallener Gegenstände und Kunstwerke. Gelehrte und weniger Gelehrte sammelten Nachrichten über aufsehenerregende Begebenheiten und Vorgänge auf allen Gebieten der Natur, des menschlichen Lebens und Erlebens. Sammelwerke unterschiedlichster Art und Qualität entstanden. Die Lust am Sammeln, am Kuriosen und Ausgefallenen, verband sich vielfach mit echten wissenschaftlichen Interessen und führte teilweise zu bahnbrechenden Forschungsergebnissen. Oft waren es Geistliche, die in dieser Zeit mit allerlei beschreibenden Sammelwerken hervortraten und sich mit großer Selbstverständlichkeit Aufgaben widmeten, die nicht zu ihren unmittelbaren Amtspflichten gehörten, zu denen sie sich aber aus ihrem eng mit dem Schöpfungsglauben verbundenen christlichen Weltbild heraus berechtigt und verpflichtet fühlten.

Christian Lehmann ist einer von ihnen. Mit Recht gilt er als der «Chronist des Oberen Erzgebirges» im 17. Jahrhundert. Ungeachtet des regionalen und lokalen Kolorits seines umfangreichen literarischen Werkes sind seine Schriften von beachtlicher allgemeiner zeit-, kultur-, sitten- und naturgeschichtlicher Bedeutung.

Im Mittelpunkt seiner Arbeiten, seiner Aufzeichnungen, steht das Westerzgebirge. Reiche Silber- und Zinnfunde verhalfen dem sächsischen Oberen Erzgebirge im 16. Jahrhundert zu einem ungeheuren wirtschaftlichen Aufschwung. Neben den bescheidenen, auf die kargen Erträge der Landwirtschaft angewiesenen dörflichen Siedlungen entstanden in wenigen Jahren neue, auf dem Reißbrett entworfene Bergstädte, die es bald zu großem Wohlstand brachten. Zu ihnen zählen Annaberg, Marienberg und Scheibenberg. Das «Berggeschrei» zog Tausende neuer Siedler an. Annaberg, 1496 von Herzog Georg dem Bärtigen von Sachsen gegründet, hatte schon bald mehr Einwohner als Dresden oder Leipzig und gehörte zu den «Großstädten» der damaligen Zeit. Mit dem Bergbau gewannen die Hütten- und Hammerwerke an Bedeutung. Die Gebirgswälder lieferten das für den Bergbau und die Kohlenmeiler so wichtige Holz. Handel und Handwerk entwickelten sich.

Doch die Blüte des Bergbaus hielt nicht lange an. Bereits gegen Ende des 16. Jahrhunderts kam es zu Rückgangserscheinungen. Man suchte nach neuen Erwerbsquellen. Durch das Klöppeln von Spitzen und die Herstellung von Posamenten entwickelte sich eine besondere Form der Heimindustrie. Die Kipper- und Wipperzeit, vor allem aber der Dreißigjährige Krieg mit seinen langandauernden Folgen trugen zum weiteren Niedergang des Bergbaus bei. Es kam zu einer radikalen Verschlechterung der Lebensbedingungen, zu unvorstellbarem Elend, das durch Mißernten und die Pest noch verschärft wurde.

Das ist die Zeit, in der Christian Lehmann lebte, aus der er uns vor allem berichtet, deren Kind er ist. Viele seiner Geschichten machen bekannte geschichtliche Fakten, machen trockene Zahlen auf erschütternde Weise in menschlichen Schicksalen lebendig. Selbst in seinen Berichten über Kurioses leuchtet das Denken und Fühlen, das Streben und Hoffen, der Glaube und Aberglaube vieler Menschen in dieser schweren Epoche erzgebirgischer wie deutscher Geschichte auf. Herkommen, Beruf und Lebensweg verbinden ihn auf vielfältige Art mit dieser Zeit.

Die Familiengeschichte der Lehmanns spiegelt auf individuelle Weise ein Stück der Entwicklung des sächsischen Erzgebirges im 16. und 17. Jahrhundert wider. Christian Lehmanns Urgroßvater, Petrus Lehmann senior (1507 bis 1574), war zunächst Bürger und Bäcker in der sächsischen Stadt Mittweida, ging dann aber, vom Berggeschrei angezogen, nach Annaberg. Hier beteiligte er sich mit viel Glück am Bergbau und gehörte zu denen, die es erreichten, aus einfachen Verhältnissen heraus zu Wohlstand zu kommen. Er brachte es bis zum Annaberger Ratsherrn. Sein Sohn Petrus Lehmann junior (1545 bis 1618) verhalf der Familie zu weiterem Ansehen und Einfluß. Nach dem Studium, das er 1571 mit dem Grad eines Magisters der Philosophie abschloß, wurde er 1575 Ratsherr in Annaberg, 1580 Stadtrichter. In der Folgezeit bekleidete er zwölfmal das Amt des Annaberger Bürgermeisters. Der Vater Christian Lehmanns, Theodosius Lehmann, hatte Theologie studiert. 1608 wurde er als Pfarrer in das in unmittelbarer Nähe Annabergs, am Fuß des Pöhlberges gelegene Dorf Königswalde berufen. Hier erblickte Christian Lehmann am 11. November 1611 das Licht der Welt. Seine Mutter, die Pfarrerstochter Susanna, geb. Thiele, stammte aus dem Erzgebirgsdorf Forchheim. Sie starb, als er drei Jahre alt war.

Seine Kindheit und Jugend verlebte Christian Lehmann in Elterlein, einem Städtlein nahe Scheibenberg. Dorthin war sein Vater im Juli 1612 als Pfarrer berufen worden. Hier in Elterlein legte der Vater die Grundlagen für die spätere Sammeltätigkeit Christian Lehmanns. Er wanderte mit dem Jungen durchs Gebirge, regte ihn an, die Menschen und die Natur zu beobachten. Auch veranlaßte er ihn, ein Tagebuch zu führen und Auszüge aus Büchern anzufertigen.

Mit elf Jahren kam Christian Lehmann auf die bekannte Fürstenschule St. Afra nach Meißen. 1625 ging er als Schüler nach Halle an der Saale, vermutlich, weil ihm dort der Dienst als Kurrendaner ermöglichte, einen größeren Teil seines Lebensunterhaltes selbst zu verdienen. In Halle erlebte er den Ausbruch der Pest. 1628 finden wir ihn an der Stadtschule in Guben. Nach Studien am Pädagogium Regium in Stettin [Szczecin] – diese Nachricht ist freilich umstritten – war er 1632 Hauslehrer bei einem Pfarrer in Löcknitz. Wo und wie lange er Theologie studiert hat, ist nicht genau feststellbar. Die Matrikel der sächsischen Universitäten Leipzig und Wittenberg enthalten keine Eintragung. Den Magistertitel, der ihm später in der Literatur vielfach zugelegt wurde, führte Christian Lehmann offenbar nicht.

Kurz vor Ostern 1633 wurde Christian Lehmann nach Elterlein zurückgerufen. Der Vater war mitten in den Kriegswirren, die damals während des Durchzugs kaiserlicher und schwedischer Truppen einen Höhepunkt erreicht hatten, erkrankt. Er bedurfte eines Vertreters; Christian Lehmann wurde «Pfarrsubstitut». Mit der Rückkehr nach Elterlein begann für ihn ein neuer Lebensabschnitt. 1635 heiratete Christian Lehmann Euphrosyne Kreusel (geb. am 3. 1. 1611), die Tochter des Elterleiner Stadtrichters. Mit ihr war er 51 Jahre verheiratet. Aus der Ehe gingen zehn Kinder hervor.

Die ersten Ehejahre in Elterlein waren ganz vom Krieg überschattet. Plünderungen und Mißhandlungen durch Soldaten kamen häufig vor. Die Sorge um die dringendsten Lebensbedürfnisse bestimmte den Alltag. Selbst im Winter floh die Gemeinde mit dem Vieh und ihrer beweglichen Habe in den Wald, um vor plündernden Truppen sicher zu sein. Im Wald entstanden zusätzliche

Drangsale durch die im Krieg ständig wachsende Zahl von Wölfen und Bären. Christian Lehmann hat mehrfach davon berichtet. Während der fünf Jahre als Pfarrsubstitut in Elterlein hat er nach eigenen Angaben «25 Haupt-Marche, 20 Haupt-Einquartierung und unzählige Einfälle und Ausplünderungen erlitten und ausgestanden».

1638 erhielt Christian Lehmann eine eigene Pfarrei, er wurde in die nahe Bergstadt Scheibenberg berufen. Auch hier mußte er mit seiner Familie und Gemeinde die Schrecken des Dreißigjährigen Krieges durchleben. Wieder erschien die Flucht in die Wälder oft als einzige Rettung in höchster Not. Einmal wurde das Pfarrhaus von durchziehenden feindlichen Soldaten völlig ausgeraubt und Lehmann selbst roh mißhandelt. Gesundheitlichen Belastungen war er ausgesetzt, so daß er trotz des Krieges und der wirtschaftlichen Not mehrfach ins jenseits des Gebirgskammes gelegene böhmische Karlsbad (Karlovy Vary) zur Brunnenkur ging. Sein festes Gottvertrauen, das auch in seinen Schriften immer wieder deutlich wird, war ihm Kraftquell bei allen inneren und äußeren Belastungen.

Bei Kriegsende im Jahre 1648 war das ehemals blühende und bevölkerungsreiche Obere Erzgebirge weithin ruiniert. Auch vom Wohlstand der Familie Lehmann war nichts geblieben. Als besonders schwierig erwies sich die Finanzierung für die Ausbildung der Söhne Theodosius, Johann Christian und Immanuel. So war Johann Christian, der das Werk des Vaters in besonderer Weise fortführte, während des Schulbesuches in Chemnitz (heute Karl-Marx-Stadt) bei einem Gastwirt untergebracht. Blieb einmal das geringe Kostgeld aus, schlug ihn der Wirt im Trunk. Arbeits- und Aufenthaltsraum des Jungen war die Schankstube.

Christian Lehmann blieb ungeachtet aller widrigen Umstände während und nach dem Dreißigjährigen Krieg ein eifriger Sammler all dessen, was sich um ihn herum ereignete und was er für interessant und beschreibenswert hielt. Sein Biograph Viktor Hantzsch schreibt: «Er wanderte nicht nur selbst unermüdlich in dem Gebirge umher, sondern zog auch bei seinen Amtsbrüdern, bei Bergleuten, Bauern, Kräutersammlern, Waldarbeitern und anderen Gebirgsbewohnern Erkundigungen ein und durchforschte die in Frage kommende Literatur.» Diese zeitaufwendige Sammeltätigkeit blieb auf Dauer in seiner Gemeinde Scheibenberg nicht unangefochten. Nach einer Kirchenvisitation im Jahre 1673 mußte sich Lehmann in einer «Notwendigen wohlbegründeten Apologie» gegen die von der Bürgerschaft beim Konsistorium «eingegebenen, unbegründeten Calumnien, mit Unwahrheiten, Nullitäten und Lappalien angefüllten 16 Klagpunkte wider ihren alten Pfarrer» verteidigen. Das Konsistorium wies die Klage der Gemeinde ab.

1669 hatte sich der Gesundheitszustand Christian Lehmanns so verschlechtert, daß er die Kirchenbehörde bat, ihm seinen Sohn Johann Christian als Substituten beizugeben. Bis zu seiner Berufung als Diakon nach Annaberg im Jahre 1675 stand Johann Christian seinem Vater zur Seite und nahm auch Anteil an dessen literarischer Arbeit. Christian Lehmann konnte noch sein 50jähriges Jubiläum als Pfarrer und Chronist in Scheibenberg erleben. Am 11. Dezember 1688 starb er im Alter von 77 Jahren. Sein Grabmal befindet sich noch heute in der Kirche von Scheibenberg.

Der literarische Nachlaß Christian Lehmanns ist sehr umfangreich. Zu ihm gehören u. a. – jeweils als selbständige Schriften – eine Land-, Kirchen-, Kriegs- und Sittenchronik des Oberen Erzgebirges. Auch eine Sammlung seiner Briefe hat sich erhalten. Keines seiner Werke erschien, bedingt durch die Zeitumstände und wirtschaftlichen Verhältnisse, zu seinen Lebzeiten im Druck. Manches Manuskript ist erst in neuerer Zeit wieder aufgefunden worden. Streng genommen ist das literarische Werk Christian Lehmanns ein Familienwerk. Er konnte auf Aufzeichnungen seines Vaters und Großvaters zurückgreifen, seine Söhne führten die Sammlung über das Jahr 1688 hinaus fort. Als Theologen waren sie in ansehnliche Stellungen gekommen. Theodosius starb 1696 als Konsistorialpräsident in Merseburg, Immanuel 1698 als Archidiakonus in Görlitz. Der Nachwelt hat vor allem Johann Christian (1642 bis 1723) das Werk seines Vaters vermittelt. Er war seit 1685

Superintendent in Annaberg und als solcher in den letzten Jahren sogar Vorgesetzter seines Vaters, 1697 wurde er Superintendent in Freiberg.

Johann Christian Lehmann erarbeitete eine Zusammenstellung aus den verschiedenen Chroniken seines Vaters und brachte sie zum Druck. Sie erschien 1699 in Leipzig unter dem Titel «Historischer Schauplatz derer natürlichen Merckwürdigkeiten in dem Meißnischen Ober-Ertzgebirge ...». Das Werk fand große Beachtung und weite Verbreitung. 1747 erschien in demselben Verlag, bei Friedrich Lankischs Erben in Leipzig, ein Nachdruck ohne Angabe des Verfassers.

Der «Historische Schauplatz» umfaßt 1005 Quartseiten und ein Register. Er ist in XVII Kapitel (Abteilungen) gegliedert. Die ersten IX Kapitel sind der Beschreibung des Erzgebirges, seiner Beschaffenheit und seines Mineral- und Pflanzenreiches sowie klimatischer Erscheinungen gewidmet. Von der Tierwelt berichten die Kapitel X bis XIV, von Menschen und «allerlei menschlichen Zufällen» die Kapitel XV bis XVI. Am Schluß steht ein Kapitel (XVII) über die Pest. Das Werk zeigt Christian Lehmann im Rahmen seiner Zeit als großen, volksverbundenen Realisten, Christian Lehmann schreibt über das Volk für das Volk. «Denn ich schreibe», so bekennt er, «für den einfältigen armen Gebirger und lasse andern ihre Spekulationen.» – «Ihm war kein Bergmann zu gering, kein einsamer Köhler zu fremd, kein reisender Handwerksmann zu niedrig, um im Gespräch mit ihm sein Gewerbe kennenzulernen und so den eigenen Gesichtskreis zu erweitern.» (Fritz Roth)

Christian Lehmann hört auf die Geschichten und Erzählungen des Volkes, kennt die Gedanken- und Vorstellungswelt des einfachen Mannes und verschließt sich nicht gegen die soziale Not der Zeit. Seine Lehrmeisterin ist die Erfahrung. Gelehrten Zweiflern und Kritikern hält er entgegen: «Wer nicht glauben will, der steige so lange über dies Gebirge, als ich, und trage mich lieber auf dem Rücken, als im Maul.» Bei «der Einfalt der ungeschminckten Wahrheit» zu bleiben ist sein erklärtes Ziel. Seine Werke sind deshalb nicht nur eine Sammlung von Kuriositäten, sondern sie sind gleichzeitig ein einmaliges Dokument vom Leben, Arbeiten, Leiden, Denken und Fühlen der obererzgebirgischen Bevölkerung im Zeitalter des großen Krieges. Hinter der Zeitgeschichte steht nicht zuletzt die Zeitkritik. Er wollte nicht nur forschen, bilden, unterhalten, sondern als volksverbundener lutherischer Pfarrer auch erziehen. Für ihn sind alle Begebenheiten im Leben der Menschen Erziehungsmittel Gottes. In diesem Sinne heißt es in der Vorrede des «Historischen Schauplatzes»: «Hier werden nicht eitel große Welthändel und wichtige Geschichten ansehnlicher Leute, über welche man allein pflegt die Augen aufzusperren ..., gelesen. Doch auch die Geschichten, die Gott unter gemeinem Volk vorgehen lässet und die von seiner heiligen Regierung Zeugnis gnugsam abstatten, sind nicht zu verachten oder mit Stillschweigen zu übergehen und haben bei frommen Leuten geringen Standes in der application (Anwendung) mehr Nutzen, als die Geschichten der Großen der Welt, weil der Riesen Schuhe zu kleiner Leute Füßen sich übel schicken.»

Die vorliegende Auswahl aus dem «Historischen Schauplatz» will einen Eindruck vom Gesamtwerk Christian Lehmanns und seiner Eigenart vermitteln. Auf der Grundlage der ersten Auflage des «Historischen Schauplatzes» werden die Texte weitgehendst in moderner Orthographie und Interpunktion wiedergegeben. Der altertümliche Sprachstil wurde bewußt beibehalten. Eingriffe in den Text erfolgten nur dort, wo dies wegen der allgemeinen Verständlichkeit und Einheitlichkeit notwendig und wünschenswert erschien.

Noch heute ist es nicht nur unterhaltend, sondern anregend und belebend, was Christian Lehmann aus dem Oberen Erzgebirge des 17. Jahrhunderts zu berichten weiß. Selbst in den umständlichen Ausdrucksformen des Barocks spricht er noch nach drei Jahrhunderten mit bemerkenswerter Frische und Unmittelbarkeit zu seinen Lesern. Allein schon die Originalität seines Schaffens verleiht seinem Werk einen bleibenden Reiz. «Man findet hier», schreibt sein Sohn Johann Christian, «... die blose ungeschmückte Gestalt der kuriosen Natur in der hiesigen süd-öden-Ecke.»

Helmut Obst

1. Auflage

© 1986 by Union Verlag (VOB) Berlin

Lizenz-Nr. 395/3531/86 · LSV 7102

Printed in the German Democratic Republic

Satz und Druck:

Druckwerkstätten Stollberg VOB

Klischeeherstellung: BS Rudi Arndt, Berlin

Buchbinderische Verarbeitung:

VOB Kunst- und Verlagsbuchbinderei, Leipzig

Gestaltung:

Matthias Gubig, Berlin

700 143 0

01180

Leder

700 153 7

05800